DIE SCHNELLE arabische Küche

30-MINUTEN-REZEPTE
INSPIRIERT VOM ORIENT

Mit ganz viel Liebe und Vergnügen kochen & essen

KNESEBECK

SCHUKRAN!

Lemya Toub-Boutahar für ihre Liebe und bedingungslose Unterstützung
Dina Toub für Inspiration und Liebe
Lotfi Toub für Inspiration und Liebe
Kenza Toub für Inspiration und Liebe
Dorette Kostwinder, meine Projektmanagerin, meine Stütze und mein Halt
The Bastard für die tollen Grills
Estriek für das handgemachte Geschirr auf S. 17, 41, 93 und 169.

FOLGE MOUNIR

WWW.MOUNIRTOUB.NL
cheftoub
cheftoub

ANMERKUNGEN ZU DEN REZEPTEN

LÖFFEL

Die in diesem Buch zum Abmessen verwendeten Esslöffel fassen 15 ml, die Teelöffel 5 ml. Löffel, die man zu Hause hat, sind in der Regel nicht normiert. Kaufe dir deshalb am besten ein normiertes Löffelset im Haushaltswarengeschäft – mit einer Füllmenge von 15, 10, 5, 2 ½ und 1 ¼ ml. Bei allen Angaben in den Rezepten handelt es sich um gestrichene Löffel, es sei denn, es ist anders angegeben.

OFEN

Öfen variieren in der exakten Temperatur, selbst wenn sie vom selben Hersteller sind. Die angegebenen Temperaturen und Backzeiten dienen nur als Orientierung. Passe sie für deinen eigenen Ofen an.

ZUTATEN

Verwende stets frische Kräuter, ungesalzene Butter und mittelgroße Eier, es sei denn, es ist anders angegeben. Ältere oder kranke Menschen, kleine Kinder, Schwangere und Stillende sollten auf Rezepte mit rohen oder weich gekochten Eiern verzichten.

ONLINE

Suche ruhig auch mal im Internet nach Zutaten, die in den Läden schwer zu bekommen sind. Immer mehr Produkte sind mittlerweile online erhältlich.

IMPRESSUM

Titel der Originalausgabe: *Snel arabisch. Midden-Oosterse gerechten voor elke dag van de week*
Erschienen bei Kosmos Uitgevers, Utrecht/Antwerpen, Niederlande, 2021.

Rezepttexte: Mounir Toub
Projektbegleitung: Dorette Kostwinder
Redaktion: Sabine Meekel
Schlussredaktion: Lars Hamer und Kirsten Verhagen
Foodfotografie: Mitchell van Voorbergen www.mitchellvanvoorbergen.com
Fotografie: Dana van Leeuwen, www.danafotografie.nl, Mitchell van Voorbergen (S. 71)
(Food)Styling: Valentijn Dirks, www.driftfood.com
Maske: Lisanne den Ouden, www.poederloeders.nl
Gestaltung: Saskia Janssen und Studio Room, Naarden
Illustrationen: Rhaida El Touny

Deutsche Erstausgabe

Ein Unternehmen der Média-Participations

Projektleitung: Veronika Brandt, Knesebeck Verlag
Übersetzung: Sonja Fiedler-Tresp, Neu-Ulm
Lektorat: Annerose Sieck, Neumünster
Umschlaggestaltung: Leonore Höfer, Knesebeck Verlag
Satz und Herstellung: Arnold & Domnick, Leipzig
Druck: PNB Print Ltd
Printed in Latvia

MIX
Papier aus verantwortungsvollen Quellen
FSC® C084698

ISBN 978-3-95728-588-1

www.knesebeck-verlag.de

Inhaltsverzeichnis

JEDEN TAG ETWAS LECKERES ESSEN

Hast du schon einmal ein arabisches Gericht zubereitet? Wenn ja, dann wahrscheinlich am Wochenende. Lust auf die arabische Küche haben viele, das höre ich immer wieder, nur dauert es ihnen zu lange, bis das Essen fertig ist. Das verstehe ich gut. Denn für eine aufwendige Hähnchen-Pastilla oder einen Brotteig, der zweimal gehen muss, hat kein Mensch nach einem langen Tag Zeit. Darum findest du in diesem Buch lauter Rezepte, die du in nur einer halben Stunde zubereiten kannst. So kannst du auch an einem Montagabend nach einem stressigen Tag ein tolles Gericht auf den Tisch zaubern! Ich hoffe, dass du dich auf diese Weise genauso in die arabische Küche verliebst wie ich.

Als Koch kenne ich einige Tricks, mit denen sich Gerichte schneller und einfacher zubereiten lassen. Die möchte ich mit dir teilen. Obwohl ich sehr gern Fischsuppe aus selbst gemachter Bouillon koche, Fischköpfe inklusive, habe ich mich hier für Fischfond entschieden. Couscous bereite ich nicht auf die marokkanische Art zu, sondern auf die europäische: Ich lasse ihn eine Weile quellen, statt ihn stundenlang zu dämpfen. Mit geschälten Tomaten aus der Dose spare ich viel Zeit, die ich sonst mit dem Häuten der Tomaten verbringen würde. So geht es nicht nur schneller, es schmeckt auch ebenso gut. Obendrein kannst du alle Zutaten im Supermarkt kaufen und brauchst nicht extra in einen türkischen oder arabischen Laden zu gehen.

Für die Rezepte in diesem Buch habe ich mir zusätzlich etwas einfallen lassen. Statt traditioneller Baklava, für die du mehrere Schichten Teig bestreichst und schichtest, bereitest du das süße Gebäck in nicht mal 30 Minuten in einer Muffinform zu. Und was hältst du von Falafelwaffeln, Ras-el-Hanout-Rösti und Lammköfte-Tacos? All das sind traditionelle Rezepte, die hier überraschend anders zubereitet werden. Ich liebe es, Brücken zu bauen und verschiedene Küchen, Kulturen, Geschmacksrichtungen und Menschen zu verbinden. Das Sloppy Toub-Toub bringt zum Beispiel Fleischliebhaber und Vegetarier zusammen, und die Falafelbowl ist ebenso hip wie arabisch.

Du hast schon das Telefon in der Hand, um nach einem stressigen Arbeitstag bei deinem Lieblings-Lieferservice anzurufen? Dann leg es wieder weg, denn die Rezepte in diesem Buch sind fertig, bevor dein Essen vor der Tür steht. Der Geschmack, die Zutaten und ihre Zusammensetzung sorgen für Gerichte mit arabischem Flair und so manchem Wow-Faktor. Bereit loszulegen?

Koch und iss mit ganz viel Liebe und Vergnügen!
— Mounir

Küchen Hacks

SCHNELLE
TIPPS &
TRICKS

ZUTATEN AUSWÄHLEN

Wer schnell ein leckeres Gericht auf den Tisch bringen will, sollte seine Zutaten entsprechend auswählen. Natürlich kannst du für die Kürbispastilla auf Seite 137 einen Butternut-Kürbis kaufen, putzen und schälen, aber das dauert. Nimm deshalb lieber bereits gewürfelten Kürbis aus dem Tiefkühlfach. Auch gekochte Kichererbsen und geschälte Tomaten aus der Dose sind zeitsparend, genau wie Möhrenstifte und küchenfertige Rote Bete im Vakuumpack. Du musst dann auch weniger abspülen!

REZEPTE VORHER DURCHLESEN

Wenn du dir das Rezept vor Beginn gründlich durchliest, sparst du jede Menge Zeit. Denn dann weißt du, ob du den Backofen vorheizen und welche Pfanne du schon mal auf den Herd stellen sollst. Wenn bei dir kein heißes Wasser aus der Leitung kommt, kannst du vorab Wasser im Wasserkocher oder Kessel kochen. Denk auch daran, dass manche Zutaten zunächst abkühlen oder ruhen müssen, wie im Couscous-Rezept auf Seite 124. Es gilt die Regel, dass das Fleisch mindestens so lange ruhen sollte, wie es zum Garen gebraucht hat. Du kannst auch vorher schon die Zutaten abwiegen, dann brauchst du das nicht beim Kochen machen.

In einer Pfanne mit dickem Boden werden Fisch und Fleisch noch schneller gar.

ZUBEREITUNG

Für die meisten Rezepte gibt es eine traditionelle und eine schnellere Zubereitungsweise. Zum Beispiel beim Couscous: Seit jeher wird er in der nordafrikanischen Küche gedämpft, damit es schöne, volle Kügelchen gibt. Das dauert ungefähr 30–45 Minuten und muss mehrmals wiederholt werden. Diese Zeit hast du natürlich nicht jeden Tag. Für schnellen Couscous verwende ich daher die »europäische Methode«. Das heißt: Ich lasse ihn quellen. Pass dabei auf, dass der Couscous nicht zu weich und pappig wird. Wenn du die vorgegebene Zeit einhältst und etwas Zitronenschale und Öl oder Butter zugibst, hast du eine vollwertige Alternative zum klassisch gedämpften Couscous.

GERÄTE NUTZEN

Ich liebe Küchengeräte – vom Vakuumierer bis zur sündhaft teuren Eismaschine: Ich habe sie alle. Aber mit so einer Maschine selbst Eis herzustellen, dauert, weil die Eismasse oft erst einige Stunden im Kühlschrank reifen sollte, damit sie eine gewisse Fülle bekommt. Mit einer einfachen Küchenmaschine kannst du ebenso leckeres Eis schneller herstellen (s. S. 163). Wie du dir vorstellen kannst, benutze ich die Eismaschine nie … Investiere deshalb nur in sinnvolle Geräte und überlege dir, mit welchen du wirklich Zeit sparst. Mit einem Blitzhacker etwa, der Nüsse in wenigen Sekunden fein hackt.

EINFRIEREN

Natürlich geht das Kochen noch schneller, wenn ein Teil des Rezepts schon fertig im Tiefkühlfach liegt. Bereite daher, wenn du mehr Zeit hast, ruhig größere Mengen von Grundrezepten zu, zum Beispiel vom Sloppy ToubToub (s. S. 76) oder der Füllung der Kürbis-Pastilla (s. S. 137). Wenn dann an einem Abend unerwarteter Besuch vor der Tür steht, brauchst du das Rezept nur noch fertigzustellen. Verwende am besten Zip-Gefrierbeutel, die nehmen weniger Platz weg als Kunststoffdosen mit Deckel.

Arabische Gewürze & Zutaten

MINZE

Für dieses Buch habe ich zum ersten Mal nicht nur frische, sondern auch getrocknete Minze verwendet. Und ich bin begeistert! Getrocknete Minze hat ein sehr intensives Aroma, das sie, legt man die Minze in Flüssigkeit, in kürzester Zeit freigibt. Im Gegensatz zur frischen Version ist die getrocknete auch endlos in einem Glas mit Schraubdeckel haltbar. Du kannst sie in kleinen Dosen im Supermarkt kaufen oder in großen Mengen in Plastikbeuteln in türkischen oder arabischen Läden.

SESAM

Sesam gibt es in verschiedenen Varianten: weiß, goldgelb und schwarz. Bei den meisten Leuten steht weißer oder goldgelber Sesam im Schrank, aber probiere ruhig auch mal den schwarzen, die Urform. Das ist ungeschälter Sesam, der mit einem besonders hohen Nährstoffgehalt punktet. Er verleiht jedem Gericht Biss und ist dazu supergesund.

HALLOUMI

Halloumi ist der einzige Käse, den man backen oder grillen kann, ohne dass er seine Struktur verändert. Wenn du Halloumi in Scheiben oder Stücke schneidest und dann grillst, bekommt er eine krosse Kruste. Wie Hähnchen hat Halloumi wenig Eigengeschmack, weswegen du ihn immer gut würzen solltest. Aber er passt daher auch zu allem.

TÜRKISCHER JOGHURT

In den meisten Rezepten verwende ich türkischen Joghurt, aber du kannst genauso gut griechischen nehmen. Beide gelten als »stichfest«: Das ist Joghurt, der in der Verpackung reift und dick wird. Bei der Herstellung lässt man griechischen und türkischen Joghurt in einem Tuch abtropfen, wodurch er weniger Flüssigkeit und mehr Fett als andere hat. Sowohl griechischer Joghurt als auch sein türkischer Verwandter haben einen Fettgehalt von 10 %.

SUMACH

Vor einiger Zeit habe ich eine Ofenkartoffel mit Sumach gegessen, einem Gewürz aus säuerlichen roten Beeren. Im Mittleren Osten wird es häufig verwendet, etwa für Salate und Dressings, aber zum Beispiel auch zu Lamm und Hähnchen. Am besten gibst du es ganz zum Schluss ans Essen, denn beim Erhitzen verliert es an Aroma. Als Kontrast habe ich unter anderem den Haferflocken-Porridge mit Kaffee, Aprikosen und Feigen damit verfeinert (s. S. 23).

BAKLAVATEIG

Wenn du ein Rezept für Baklava im Internet findest, steht vermutlich Filoteig auf der Zutatenliste. Zu schade, denn zwischen Filo- und echtem Baklavateig aus dem türkischen oder arabischen Laden besteht ein himmelweiter Unterschied. Beide sind zwar aus Mehl und Wasser gemacht, aber Filoteig reißt viel schneller. Es ist also beinahe unmöglich, daraus eine Pastilla herzustellen – denn dafür braucht man echten Baklavateig!

SUCUK-WURST

Als ich klein war, war ich manchmal neidisch auf die BiFi-Würste der anderen Kinder. Inzwischen gibt es eine tolle Alternative, die zudem halal ist: Sucuk, eine getrocknete gewürzte Wurst aus der türkischen Küche, die meist kurz angebraten wird. Sucuk wird aus Lamm- und Rindfleisch gemacht, das halal ist, und mit Gewürzen wie Pul Biber und Knoblauch abgeschmeckt. Einfach goldwert!

NÜSSE & MANDELN

In der arabischen Küche spielen Nüsse eine große Rolle: Pistazien, Haselnüsse, Walnüsse und Pekannüsse. Da ich persönlich verrückt nach Mandeln bin, habe ich immer eine Auswahl davon im Haus: ganze Mandeln, Mandelstifte und auch Mandelmehl. Das Tolle an Mandeln ist, dass sie so vielfältig sind: In Desserts schmecken zum Beispiel weiße Mandeln wunderbar. Für Salate nimmst du Mandeln mit Haut, weil sie mehr Biss haben. Und wusstest du, dass du mit Mandelmehl glutenfreie Kuchen und Kekse backen kannst?

FEIGEN UND FEIGENKONFITÜRE

Meine Großeltern in Marokko hatten früher einen großen Feigenbaum im Garten. Im Sommer konnten wir dort frische Feigen pflücken und essen. Göttlich! In den Niederlanden bzw. in Europa sind nur importierte Feigen erhältlich. Getrocknete Feigen schmecken gut, wenn sie schon im Herkunftsland getrocknet wurden, dann haben sie mehr Geschmack. Das gilt auch für Feigenkonfitüre. Anders als andere Trockenfrüchte, wie etwa Datteln, haben Feigen durch ihre kleinen Kerne einen gewissen »Biss«.

OLIVEN

Eigentlich kommt keine Küche ohne Oliven und deren verarbeitete Erzeugnisse aus. Ich verwende zum Braten ausschließlich Olivenöl und bereite meine Rezepte gern mit schwarzen oder grünen Oliven zu. Grüne Oliven werden noch unreif geerntet, schwarze Oliven ausgereift. Während grüne Oliven eher fruchtig oder sogar leicht süßlich schmecken, sind schwarze intensiv würzig.

GRANATÄPFEL UND IHR SIRUP

Die im Mittelmeerraum wachsenden Granatäpfel kommen etwa von September bis Januar frisch zu uns. Sie sind also nicht das ganze Jahr über erhältlich. Daher ist Granatapfelsirup, ein süßsaurer Sirup aus eingekochtem Granatapfelsaft, eine praktische Alternative. Er erinnert geschmacklich an Apfelsirup und eignet sich gut für Saucen, Marinaden und Dressings. Ich beträufele auch gern Pfannkuchen damit.

MEDJOOL-DATTELN

Wusstest du, dass es 400 Sorten Datteln gibt? Eine der beliebtesten kann man auch bei uns kaufen: die Medjool-Dattel. Das Besondere an ihr ist ihre Größe: Sie kann bis zu 7 cm lang sein! Wenn du Datteln kaufst, achte darauf, dass sie weich sind und dass die Schale unversehrt ist.

Frühstück & Lunch

ES GIBT VIELE MÖGLICHKEITEN,
FRISCH UND MUNTER
IN DEN TAG ZU STARTEN.
EIN GUTES FRÜHSTÜCK GEHÖRT
AUF JEDEN FALL DAZU!

Marokkanisches Frühstück

AUF SÜSSKARTOFFELRÖSTI

Ein typisch marokkanisches Frühstück besteht aus Brot mit Spiegeleiern, Schmelzkäse und schwarzen Oliven. Lecker, aber nicht »wow«. Wow ist aber diese Variante mit Rösti aus Süßkartoffeln: sieht toll aus und ist herrlich knusprig!

VORBEREITUNG

1 Ein Ei aufschlagen und mit den geriebenen Süßkartoffeln und dem Koriander vermengen. Mit Salz und Pfeffer würzen.

ZUBEREITUNG

2 Etwas Sonnenblumenöl in einer Pfanne erhitzen. Die Süßkartoffelmasse in 4 Portionen in die Pfanne geben, leicht zu Rösti verstreichen und von beiden Seiten goldbraun anbraten.

3 In einer zweiten Pfanne etwas Olivenöl erhitzen und die Spiegeleier auf niedriger Stufe braten.

4 Die Spiegeleier mit Salz, Pfeffer und Kreuzkümmel würzen.

5 Jeweils einen Süßkartoffel-Rösti auf einen Teller legen und je eine Schmelzkäseecke darauflegen. Mit je einer Scheibe Putenbrust und je einem Spiegelei belegen. Die Eier mit etwas Olivenöl beträufeln. Mit den Oliven garnieren. Dazu je eine Ecke Schmelzkäse servieren.

TIPP

Wenn du dein Spiegelei gern knusprig magst, dann brate es auf hoher Stufe. Wenn du es wie ich lieber gestockt isst, klappt das bei niedriger Temperatur besser.

FÜR 4 PERSONEN

ZUTATEN

5 Eier

2 große Süßkartoffeln, geschält, gerieben

4 Zweige Koriander, gewaschen, trocken getupft, Blätter gehackt

Salz und frisch gemahlener Pfeffer

Sonnenblumenöl zum Anbraten

Olivenöl zum Braten der Spiegeleier, plus Öl zum Beträufeln

2 TL gemahlener Kreuzkümmel

4 kleine Schmelzkäseecken

100 g entsteinte schwarze Oliven

8 Scheiben Putenbrustaufschnitt

4 kleine Schmelzkäseecken zum Servieren

ZUSÄTZLICH:

1 Vierkantreibe

2 Pfannen

ZUBEREITUNGSZEIT
25 Minuten

Eier nach Çilbir-Art

Kennst du pochierte Eier und das türkische Frühstück Çilbir? Bei diesem Rezept habe ich beide leckeren Gerichte miteinander kombiniert!

ZUBEREITUNGSZEIT
30 Minuten

BACKZEIT
4 Minuten

FÜR 4 PERSONEN

ZUTATEN

4 Knoblauchzehen, geschält, gepresst
400 g türkischer Joghurt
Salz und frisch gemahlener weißer Pfeffer
50 g gesalzene Butter
1 TL Pul Biber plus etwas zum Garnieren (nach Belieben)
1 TL geräuchertes Paprikapulver
1 türkisches Fladenbrot
Sonnenblumenöl zum Fetten
4 Eier
12 Scheiben Knoblauch-Sucuk
4 Zweige Dill, gewaschen, trocken getupft, Spitzen abgezupft

ZUSÄTZLICH

1 Backrost
4 kleine Schüsseln
1 Rolle Frischhaltefolie
1 Backpinsel
1 Topf

VORBEREITUNG

1 Den Backofen auf 180 °C (Umluft 160 °C) vorheizen. Knoblauch mit türkischem Joghurt verrühren und mit Salz und Pfeffer abschmecken.

2 Die Butter bei schwacher Hitze zerlassen und Pul Biber und geräuchertes Paprikapulver einrühren.

ZUBEREITUNG

3 Das Fladenbrot in 4 gleich große Stücke schneiden, auf einen Rost legen und im vorgeheizten Backofen 4 Minuten knusprig aufbacken.

4 Jede der 4 Schüsseln mit jeweils einem Bogen Frischhaltefolie auslegen. Die Folien leicht mit Sonnenblumenöl einstreichen und in jeder Schüssel ein Ei aufschlagen.

5 Die Eier vorsichtig mit den Folien umhüllen und mit einem Knoten verschließen (es sollte so wenig Luft darin sein wie möglich).

6 Einen Topf mit Wasser erhitzen (nicht kochen). Die Eierpäckchen in den Topf legen und bei mittlerer Temperatur ungefähr 3 Minuten köcheln lassen, aber nicht kochen. Das Eiweiß soll stocken, das Eigelb weich bleiben.

7 Die Brotviertel jeweils in die Mitte eines Tellers legen und mit je 3 Scheiben Sucuk belegen. Darauf je 1 pochiertes Ei legen. Etwas Knoblauchjoghurt daraufgeben.

8 Mit der zerlassenen Gewürzbutter, Dill und eventuell etwas Pul Biber garnieren.

TIPP

Im Internet gibt es viele Online-Tutorials zum Pochieren von Eiern. Schau dir eins an!

Birnen-Brombeer-Crumble

Crumbles sind etwas Wunderbares! Und du brauchst nur Mehl, Haferflocken und Butter, um die knusprigste Kruste auf heißem Obst aus dem Ofen herzustellen. So einfach kann es sein, an einem schönen, faulen Sonntag etwas Köstliches auf den Tisch zu bringen.

VORBEREITUNG

1 Den Backofen auf 180 °C (Umluft 160 °C) vorheizen. Die Auflauf- oder Backform mit Butter einfetten.

ZUBEREITUNG

2 Die Birnen, die Brombeeren und den Ingwer mit dem Zitronensaft und dem Ahornsirup in eine Schüssel geben und gut vermengen.

3 In einer zweiten Schüssel Haferflocken, Buchweizen- oder Mandelmehl und gehackte Pekannüsse mit dem Lebkuchengewürz und 1 Prise Salz vermengen. Die Datteln und die weiche Butter zufügen und alles zu einer krümeligen Masse verarbeiten.

4 Die Obstmasse in der Form verteilen und die Teigmasse daraufstreuen. Den Crumble 20–25 Minuten im vorgeheizten Backofen backen, bis die Krümelschicht goldbraun und knusprig ist.

TIPP

- Es kann dir nicht süß genug sein? Dann bestreue den Crumble mit getrockneten Rosenblättern und bestäube ihn mit Puderzucker.
- Statt einer großen Form kannst du auch 4 kleine Backformen verwenden (Ø 10–12 cm).

FÜR 4 PERSONEN

ZUTATEN

125 g weiche Butter, plus etwas zum Fetten
200 g Birnen, geschält, entkernt, in Stücken
300 g Brombeeren, verlesen, gewaschen
1 Stück frischer Ingwer (ca. 1 cm), geschält, gerieben
Saft von ½ Zitrone
80 ml Ahornsirup
200 g kernige Haferflocken
40 g Buchweizen- oder Mandelmehl
50 g Pekannüsse, gehackt
1 TL Lebkuchengewürz
Salz
10 Medjool-Datteln, entkernt, fein gehackt

AUSSERDEM

2 Schüsseln
1 Auflauf- oder Backform (Ø 20 cm)

ZUBEREITUNGSZEIT
5 Minuten

BACKZEIT
20–25 Minuten

French Toast mit Zatar

FETA UND GEGRILLTEN PFLAUMEN

Das Interessanteste an der arabischen Küche sind die unzähligen Kombinationen von Geschmacksrichtungen. Was hältst du zum Beispiel von der unmöglich klingenden Mischung aus herzhaft, süß und salzig? Diese French Toasts werden all deine Zweifel begraben.

FÜR 4 PERSONEN

ZUTATEN

2 Eier
200 ml Vollmilch
4 EL Zatar (Gewürzmischung)
Salz und frisch gemahlener schwarzer Pfeffer
4 dicke Scheiben Briochebrot (je 2–3 cm)
50 g Butter
4 Pflaumen, halbiert, entsteint
2 Tomaten, gewaschen, in dünnen Scheiben
2 Frühlingszwiebeln, in schmalen Ringen
200 g Feta, in 4 Scheiben
2 Zweige Minze, gewaschen, trocken getupft, Blätter abgezupft, zum Garnieren

ZUSÄTZLICH

1 Schüssel
1 Bratpfanne
1 gusseiserne Grillpfanne

ZUBEREITUNGSZEIT
20 Minuten

ZUBEREITUNG

1 Die Eier in einer Schüssel aufschlagen und mit der Milch verquirlen. Die Hälfte des Zatars unterrühren und mit Salz und Pfeffer würzen.

2 Bratpfanne und Grillpfanne bei mittlerer Hitze auf dem Herd vorwärmen.

3 Die Briochescheiben durch die Eiermasse ziehen.

4 Die Butter in der vorgewärmten Bratpfanne zerlassen und die Briochescheiben darin auf beiden Seiten goldbraun backen.

5 Die French Toasts kurz vor dem Wenden mit dem restlichen Zatar bestreuen.

6 Die halbierten Pflaumen kurz in die Grillpfanne geben.

7 French Toasts auf 4 Teller legen und mit den Tomaten, den Frühlingszwiebeln, dem Feta, der Minze und den Pflaumen garnieren.

TIPP

Statt Brioche kannst du auch anderes Brot verwenden. Und das Rezept schmeckt auch mit anderem Steinobst!

Mein Extratipp

SCHMECKT AUCH MIT LABNEH, ARABISCHEM FRISCHKÄSE AUS JOGHURT.

Haferflocken-Porridge

MIT KAFFEE, APRIKOSEN UND FEIGEN

Der Porridge to go ist eine super Sache, wenn man morgens in Eile ist. Aber wenn du Zeit hast, in Ruhe am Tisch zu frühstücken, dann stelle dir doch mal diese Breakfast Bowl zusammen! Für mich das Allerbeste an einem Samstag- oder Sonntagmorgen. Für die Kinder lasse ich den Espresso einfach weg.

FÜR 4 PERSONEN

ZUTATEN

100 g feine Haferflocken
100 g Dinkelflocken
1 l Mandeldrink
4 getrocknete Aprikosen, fein gehackt
Schale und Saft von 1 Bio-Orange
80 ml Espresso
2 Bananen, geschält, in Scheiben
4 Feigen, in Stückchen
4 EL Haselnüsse, gehackt
4 Handvoll Blaubeeren und Himbeeren, verlesen, gewaschen
2 EL Ahornsirup
2 EL Granatapfelsirup
1–2 TL Sumach

ZUSÄTZLICH

1 Topf
4 kleine Schüsseln

ZUBEREITUNG

1 Die Hafer- und Dinkelflocken mit dem Mandeldrink im Topf auf mittlerer Stufe zum Kochen bringen. Aprikosen, Orangenschale und -saft zufügen. Unter Rühren köcheln, bis ein sämiger Hafer-Dinkelbrei entsteht.

2 Den Espresso zufügen und 2–3 Minuten weiterrühren.

3 Den Getreidebrei auf die 4 Schüsseln verteilen und die Bananen, die Feigen, die Haselnüsse, die Blaubeeren, die Himbeeren, den Ahornsirup und den Granatapfelsirup daraufgeben. Zum Schluss mit dem Sumach bestreuen.

TIPP

Diesen Haferflocken-Porridge kannst du auch als Overnight zubereiten: Gib dafür die Hafer- und Dinkelflocken mit Mandeldrink, Ahorn- und Granatapfelsirup in eine Schüssel und stelle sie in den Kühlschrank. Am nächsten Morgen gut durchrühren, heißen Espresso dazugeben und mit den Toppings garnieren.

ZUBEREITUNGSZEIT
10 Minuten

Wach auf, es gibt Pfannkuchen!

PFANNKUCHEN, CRÊPES UND BAGHRIR (PFANNKUCHEN MIT TAUSEND UND EINEM LOCH) SIND DAS LIEBLINGSESSEN MEINES SOHNES UND MEINER JÜNGSTEN TOCHTER. WENN ICH DIESE LUFTIGEN HOLLÄNDISCH-ARABISCHEN PANCAKES AUS DEM OFEN ZAUBERE, BRAUCHE ICH DIE BEIDEN NICHT EINMAL ZUM ESSEN ZU RUFEN.

Mein Extratipp

BEREITE DEN TEIG AM ABEND VOR, STELLE IHN ZUGEDECKT IN DEN KÜHLSCHRANK UND BACKE DIE PFANNKUCHEN ZUM FRÜHSTÜCK!

Arabische Pancakes auf holländische Art

FÜR 4 PERSONEN

ZUTATEN

3 Eier
2 EL Zucker
100 g Mehl
150 ml Vollmilch
Schale von ½ Bio-Limette
2 TL Pumpkin Spice
Salz
20–25 g Butter

AUSSERDEM

4 kleine ofenfeste Pfannen (Ø 20 cm) oder 1 große ofenfeste Pfanne bzw. 1 Auflaufform
1 Handrührgerät oder Mixer
1 Backpinsel
1 kleines Sieb

ZUBEREITUNGSZEIT
10 Minuten

BACKZEIT
18–20 Minuten

Stell dein eigenes Pumpkin-Spice-Gewürz her: Mische 4 TL Zimtpulver, 2 TL Ingwerpulver, 1 Prise Piment, ½ TL geriebene Muskatnuss und 1 TL gemahlene Nelken.

VORBEREITUNG

1 Den Backofen auf 220 °C (Umluft 200 °C) vorheizen. Die Pfannen oder Auflaufformen im Ofen vorwärmen.

ZUBEREITUNG

2 Die Eier und den Zucker mit dem Handrührgerät luftig aufschlagen.

3 Das Mehl, die Milch, die Limettenschale, das Pumpkin-Spice-Gewürz und 1 Prise Salz untermengen und alles zu einem glatten Teig verrühren.

4 Die Pfanne(n) aus dem Ofen nehmen (Achtung! Topflappen verwenden!) und die Butter darin zerlassen. Mit dem Backpinsel die ganze(n) Pfanne(n) bzw. Form(en) mit Butter ausstreichen, damit die Pancakes nicht anbrennen können.

5 Den Teig hineingeben und die Pancakes 18–20 Minuten im vorgeheizten Backofen backen, bis er aufgegangen und schön goldbraun ist. Mit deinem Lieblingstopping belegen.

SÜSSES PANCAKE-TOPPING

2 Handvoll frische Beeren, z. B. Brom-, Blau- und Himbeeren, gewaschen

2 EL Pekannüsse, grob gehackt

1 EL flüssiger Honig oder Ahornsirup

Puderzucker zum Bestäuben

1 Zweig Minze, gewaschen, trocken getupft, Blätter abgezupft, zum Garnieren

ZUBEREITUNG

| Die Beeren auf dem Pfannkuchen verteilen und mit den Pekannüssen bestreuen. Mit Honig oder Ahornsirup beträufeln und mit Puderzucker bestäuben. Mit den Minzeblättern garnieren.

HERZHAFTES PANCAKE-TOPPING

100 g Räucherlachs, in Scheiben

½ Avocado, geschält, entsteint, in Scheiben

2–3 EL Joghurt

etwas Eisbergsalat, in Streifen

einige Sprossen zum Garnieren

ZUBEREITUNG

| Die Lachs- und Avocadoscheiben mit dem Joghurt auf den Pfannkuchen verteilen. Zum Schluss mit Salatstreifen und Sprossen garnieren.

Mein Extratipp

ZU DIESEM CLUBSANDWICH SCHMECKEN CHIPS ALS BEILAGE SUPERLECKER!

Clubsandwich

MIT MAKRELE

Ich hatte das Glück, zwei Jahre in einem Fünfsternehotel zu arbeiten. Wenn sich dort jemand etwas aufs Zimmer bestellt hat, war fast immer ein Clubsandwich dabei. Es zu belegen, macht Laune, und die Variationsmöglichkeiten sind schier endlos. Und ich habe mir für euch noch eine neue Version ausgedacht.

FÜR 4 PERSONEN

ZUTATEN

12 Scheiben Sauerteigbrot

Olivenöl zum Bestreichen

2 große süßsaure Äpfel, geschält, entkernt, in dünnen Scheiben

100 g junger Blattspinat, gewaschen, abgetropft

80 g Möhren, geschält, in feinen Streifen

2 Avocados, geschält, entsteint, in Scheiben

2 große Tomaten, gewaschen, in Stückchen

2 rote Zwiebeln, geschält, in dünnen Scheiben

4 Handvoll gesalzene Kartoffelchips als Beilage

MAKRELENSALAT

12 EL Mayonnaise

1 Bund glatte Petersilie, gewaschen, trocken geschüttelt, Blätter fein gehackt

80 g grüne entsteinte Oliven, fein gehackt

2 EL Harissa (Gewürzmischung)

1 ganze geräucherte Makrele (300 g), geputzt und zerteilt

2 TL Sumach

ZUSÄTZLICH

1 Grillpfanne

4 Spieße nach Belieben

1 Schüssel

ZUBEREITUNGSZEIT

20 Minuten

ZUBEREITUNG

1 Die Brotscheiben mit etwas Olivenöl bestreichen und in einer Grillpfanne anrösten, bis sie knusprig sind. Dabei regelmäßig wenden.

2 Für den Makrelensalat in einer Schüssel Mayonnaise und Petersilie mit Oliven und Harissa mischen. Die Makrele zugeben und alles mit Sumach würzen.

3 Die Brotscheiben mit je 1 EL Makrelensalat bestreichen und das Clubsandwich nach Lust und Laune mit den restlichen Zutaten belegen.

4 Du kannst die Sandwiches halbieren und jeweils einen Spieß hineinstecken, damit sie zusammenhalten. Auf dem Foto haben wir sie gestapelt, weil es einfach toll aussieht.

TIPP

Du willst wissen, ob die Avocado reif ist, bevor du sie aufschneidest? Dann entferne vorsichtig etwas Schale an der Oberseite. Wenn die Avocado dort gelb und hell aussieht, ist sie reif. Grün heißt unreif und dunkelbraun überreif.

Falafelwaffeln

MIT ROTE-BETE-SALAT

FÜR 4 PERSONEN

ZUTATEN

FALAFELWAFFELN

1 EL Olivenöl plus Öl zum Fetten

400 g Kichererbsen aus der Dose, abgespült, abgetropft

½ Bund glatte Petersilie, gewaschen, trocken geschüttelt, Blätter gehackt

¼ Bund frischer Koriander, gewaschen, trocken geschüttelt, Blätter gehackt

1 rote Zwiebel, geschält, klein geschnitten

Salz und frisch gemahlener schwarzer Pfeffer

Schale und Saft von 1 Bio-Zitrone

2 Eier

145 g Mehl

1,5 gestr. TL Backpulver

ROTE-BETE-SALAT

500 g gekochte Rote Bete, gewürfelt

1 rote Zwiebel, in halben Ringen

½ Bund glatte Petersilie, gewaschen, trocken geschüttelt, Blätter gehackt

25 ml Essig

25 ml extra natives Olivenöl

Salz und frisch gemahlener schwarzer Pfeffer

AUSSERDEM

1 Waffeleisen

1 Küchenmaschine

1 Geschirrtuch

ZUBEREITUNGSZEIT

30 Minuten

VORBEREITUNG

1 Alle Zutaten exakt abmessen und abwiegen und bereitstellen. Das Waffeleisen vorheizen (siehe Tipp).

ZUBEREITUNG

2 Die Kichererbsen mit allen übrigen Waffelzutaten in der Küchenmaschine 3 Minuten ganz fein pürieren.

3 Jeweils etwas von der Teigmasse in das Waffeleisen geben und nach und nach alle Falafelwaffeln backen. Die fertigen Waffeln in einem sauberen trockenen Geschirrtuch aufbewahren, damit sie etwas weicher werden.

4 Für den Salat die Rote Bete mit der Zwiebel, der Petersilie, dem Essig und dem Olivenöl vermengen und mit Salz und Pfeffer abschmecken.

5 Jeweils eine Falafelwaffel auf einen Teller legen und etwas Rote-Bete-Salat daraufgeben. Mit einer zweiten Waffel bedecken und genießen!

TIPP

Fette das Waffeleisen gut mit Backspray oder etwas Öl ein, sonst bleiben die Waffeln kleben.

Mal ehrlich: Gehörst du auch zu den Leuten, die man für süße Waffeln mit roten Beeren und Honig auch nachts wecken dürfte? Dann probiere doch mal herzhafte Waffeln aus, sie sind mindestens genauso lecker.

Mein Extratipp

MAGST DU ES SCHARF? DANN GIB ETWAS MEHR PUL BIBER (MIX AUS CHILI, PAPRIKA, SALZ, SUMACH, OREGANO) DARAUF.

Scharfer Bauerntoast

Dieser Toast ist kinderleicht. Die Zutaten sind so ausgesucht, dass sie dem klassischen Käsetoast einen coolen arabischen Touch geben. Auf einen Sandwichmaker kannst du getrost verzichten, denn diesen Gemüsetoast brätst du in der Pfanne.

FÜR 4 PERSONEN

ZUTATEN

6 EL Tomatenmark

2 EL Olivenöl

2 kleine rote Zwiebeln, geschält, fein gewürfelt

600 g Kichererbsen aus der Dose, abgespült, abgetropft

Saft von 2 Zitronen

2 TL Pul Biber

8 Scheiben Bauernbrot

2 große EL Butter

200 g geriebener Mozzarella

200 g Ziegenweichkäse

AUSSERDEM

2 Pfannen

ZUBEREITUNG

1 Das Tomatenmark mit 6 El Wasser verrühren.

2 Das Olivenöl bei mittlerer Stufe in der Pfanne erhitzen und die Zwiebeln 3–4 Minuten anschwitzen. Kichererbsen und verlängertes Tomatenmark zufügen und 3–4 Minuten weiterbraten.

3 Zitronensaft und Pul Biber zufügen und 2–3 Minuten mitgaren.

4 Die Brotscheiben auf beiden Seiten mit Butter bestreichen. Die Hälfte der Scheiben mit Mozzarella, Ziegenkäse, Kichererbsen-Zwiebel-Masse und einer weiteren Schicht Mozzarella und Ziegenkäse belegen. Dann jeweils eine zweite Scheibe Brot darauflegen.

5 Die zweite Pfanne erhitzen und die Toasts von beiden Seiten goldbraun knusprig backen. Dabei vorsichtig wenden, damit sie nicht auseinanderfallen.

TIPP

Die wichtigste Zutat für einen köstlichen knusprigen Toast ist Geduld. Versuch, dich zu zügeln, wenn der Toast in der Pfanne liegt, denn es wäre schade, ihn zu früh herauszunehmen.

ZUBEREITUNGSZEIT
20 Minuten

4x Fladenbrot

Brot in nur 30 Minuten backen? Mit diesem Fladenbrotzezept klappt das! Es ist eines der einfachsten Rezepte in diesem Buch und gleichzeitig eines der leckersten. Außerdem kannst du den ‚»Belag« unendlich variieren: von Fleisch bis Obst bis hin zu Gemüse und Nüssen.

FÜR 4 GROSSE FLADENBROTE

ZUTATEN

340 g Mehl plus Mehl zum Bestäuben
2,5 TL Backpulver
240 g Vollmilchjoghurt
1 TL Kreuzkümmel
1 TL Ingwerpulver
4 EL Olivenöl
Salz

AUSSERDEM

1 Küchenmaschine mit Knethaken
1 Teigroller
1 große beschichtete Pfanne
1 Backpinsel

ZUBEREITUNGSZEIT
20 Minuten

1 In der Schüssel der Küchenmaschine Mehl mit Backpulver, Joghurt, Kreuzkümmel, Ingwer und der Hälfte des Olivenöls verrühren. Mit Salz würzen.

2 Den Teig etwa 10 Minuten in der Küchenmaschine zu einem geschmeidigen Teig kneten.

3 Den Teig in 4 gleich große Portionen teilen (ca. je 150 g) und zu Kugeln formen. Eine saubere Arbeitsfläche bemehlen und die Kugeln mit dem Nudelholz zu 2–3 mm dicken, länglichen Fladen ausrollen.

4 Eine große beschichtete Pfanne auf mittlerer Stufe erhitzen. Die Fladenbrote mit dem restlichen Olivenöl bestreichen und nacheinander etwa 3 Minuten goldbraun backen.

TIPP

Du möchtest lieber kleinere Fladenbrote backen? Das geht natürlich auch. Forme einfach 8 Teigkugeln von etwa 75 Gramm.

Topping 1
HÄHNCHEN, MUHAMMARA UND APRIKOSEN (s. S. 36)

Topping 3
RAUCHFLEISCH, FEIGEN UND PISTAZIEN (s. S. 37)

Topping 4
ZUCCHINI, HUMMUS UND CASHEWNÜSSE (s. S. 37)

Topping 2
LACHS, SUMACH-JOGHURT UND ARTISCHOCKENHERZEN (s. S. 36)

HÄHNCHEN, MUHAMMARA UND APRIKOSEN

FÜR 4 PERSONEN

ZUTATEN

4 Fladenbrote (s. S. 34)

4 Hähnchenschenkelfilets, in schmalen Streifen

2 TL Ras el Hanout (Gewürzmischung)

2 Knoblauchzehen, geschält, gepresst

4 EL Olivenöl

8 EL Muhammara (Würzpaste)

8 Blatt Kopfsalat oder Romanasalat, gewaschen, getrocknet, in Streifen

1 rote Paprika, entkernt, gewaschen, in schmalen Streifen

8 getrocknete Aprikosen, in Streifen

Salz und frisch gemahlener Pfeffer

AUSSERDEM

1 Schüssel

1 Pfanne

ZUBEREITUNGSZEIT

30 Minuten

ZUBEREITUNG

1 Die Fladenbrote nach Grundrezept von S. 34 zubereiten.

2 In einer Schüssel das Hähnchenfleisch mit Ras el Hanout, Knoblauch und Olivenöl marinieren. Alles sollte mit der Marinade überzogen sein.

3 Das marinierte Hähnchen in einer Pfanne unter Rühren in etwa 8 Minuten goldbraun anbraten.

4 Die Fladenbrote mit Muhammara bestreichen und mit Salat, Paprika und Aprikosen belegen. Das Hähnchen darauf verteilen und mit Salz und Pfeffer würzen.

TIPP

Im Libanon und in Syrien gehört diese Würzpaste mit Fladenbrot zu jeder Vorspeisenplatte. Du kannst sie selbst zubereiten, Rezepte findest du im Internet.

LACHS, SUMACH-JOGHURT UND ARTISCHOCKENHERZEN

FÜR 4 PERSONEN

ZUTATEN

4 Fladenbrote (s. S 34)

2 Räucherlachsfilets (à 125 g)

100 g türkischer Joghurt

1 EL Sumach

Schale und Saft von 1 Bio-Limette

2 Avocados, geschält, entsteint, in Scheiben

8 Artischockenherzen aus der Dose, abgetropft, halbiert

1 Handvoll Walnusskerne

8 EL Muhammara (Würzpaste)

4 Zweige Minze, gewaschen, trocken getupft, Blätter abgezupft

AUSSERDEM

1 Schüssel

ZUBEREITUNGSZEIT

30 Minuten

ZUBEREITUNG

1 Fladenbrote nach Grundrezept von S. 34 zubereiten.

2 Die Haut der Lachsfilets entfernen und den Fisch in grobe Stücke zerlegen.

3. Den türkischen Joghurt mit Sumach und der Limettenschale verrühren. Nach Geschmack Limettensaft zufügen.

4 Die Fladenbrote mit dem Sumach-Joghurt bestreichen und mit Avocado, Räucherlachs und Artischocken belegen. Mit Walnüssen, etwas Muhammara und Minze belegen.

TIPP

Du kannst den Lachs auch noch 2 Minuten in der Pfanne erhitzen, wenn du das lieber magst.

RAUCHFLEISCH, FEIGEN UND PISTAZIEN

FÜR 4 PERSONEN

ZUTATEN

4 Fladenbrote (s. S. 34)
Olivenöl zum Braten
2 rote Zwiebeln, geschält, in halben Ringen
2 Knoblauchzehen, geschält, in Scheiben
1 TL Harissa (Würzpaste)
2 EL flüssiger Honig
1 EL Ingwerpulver
8 EL Feigenkonfitüre
16 Scheiben Rauchfleisch vom Rind (oder Schinken)
4 frische Feigen, in Scheiben
16 Pistazien

AUSSERDEM

1 Pfanne

ZUBEREITUNGSZEIT
30 Minuten

ZUBEREITUNG

1 Die Fladenbrote nach Grundrezept von S. 34 zubereiten.

2 Einen Schuss Olivenöl auf mittlerer Stufe in einer Pfanne erhitzen. Die Zwiebelringe darin etwa 4 Minuten glasig anbraten. Den Knoblauch zufügen und 1 Minute mitbraten.

3 Harissa, Honig und Ingwerpulver zugeben und 1 Minute mitbraten.

4 Die Fladenbrote mit Feigenkonfitüre bestreichen und die Zwiebelmischung darauf verteilen. Mit dem Rinderrauchfleisch, den Feigen und den Pistazien belegen.

TIPP

Mit Lammschinken schmeckt dieses Gericht nochmal so gut. Leider ist er nicht so leicht erhältlich, aber wenn du welchen bekommen kannst, solltest du ihn unbedingt verwenden!

ZUCCHINI, HUMMUS UND CASHEWNÜSSE

FÜR 4 PERSONEN

ZUTATEN

4 Fladenbrote (s.S. 34)
1 Zucchini, gewaschen, in Scheiben
Sonnenblumenöl zum Bestreichen und Braten
2 rote Zwiebeln, geschält, in halben Ringen
Salz
1 TL Sumach
20 Kirschtomaten, gewaschen, halbiert
40 g Cashewnüsse
8 EL Hummus
12 schwarze Oliven, entsteint, halbiert
4 Zweige Minze, gewaschen, trocken getupft, Blätter abgezupft

AUSSERDEM

1 Grillpfanne
1 Backpinsel
1 Pfanne

ZUBEREITUNGSZEIT
30 Minuten

ZUBEREITUNG

1 Fladenbrote nach Grundrezept von S. 34 zubereiten.

2 Eine Grillpfanne auf mittlerer Stufe vorheizen. Die Zucchinischeiben mit etwas Sonnenblumenöl bestreichen und in der heißen Grillpfanne bissfest grillen. Es sollten Grillstreifen auf den Scheiben zu sehen sein.

3 Etwas Sonnenblumenöl in einer Pfanne erhitzen und die Zwiebelringe 4 Minuten glasig anschwitzen. Mit Salz und Sumach würzen.

4 Die Kirschtomaten und die Cashewnüsse zugeben, 2 Minuten mitbraten und alles vorsichtig vermischen.

5 Die Fladenbrote mit Hummus bestreichen und die Zwiebel-Tomaten-Masse darauf verteilen. Mit Zucchinischeiben, schwarzen Oliven und Minzeblättchen belegen.

Hotdogs mit Merguez und Harissa

Vor langer Zeit habe ich in New York meinen ersten Hotdog gegessen. Ein einfacher, praktischer Snack, aber er war ziemlich fade. Daher habe ich mir eine Variante überlegt, die viel intensiver schmeckt: Mit Harissa, Baba Ganoush und Hummus! Daran könnte ich mich gewöhnen!

VORBEREITUNG

1 Die Hotdogbrötchen der Länge nach aufschneiden, aber nicht ganz durchschneiden.

ZUBEREITUNG

2 Das Olivenöl in einer Pfanne erhitzen und die Würstchen mit der Hälfte der Zwiebelringe bei mittlerer Hitze etwa 8 Minuten anbraten, bis sie gar und die Zwiebeln glasig sind.

3 Die Hälfte des Harissas zufügen, mit den Würstchen vermischen. Pfanne vom Herd nehmen.

4 Baba Ganoush, Hummus und den Rest des Harissas auf den Brötchen verteilen. Mit der Paprika und den restlichen rohen Zwiebelringen belegen. Die Würstchen daraufgeben und mit der Zwiebel-Harissa-Masse bedecken.

5 Die Mayonnaise mit etwas Wasser verdünnen, damit sie leichter wird. Die Hotdogs mit Mayonnaise und Röstzwiebeln garnieren.

TIPPS

- Statt Hotdogbrötchen kannst du auch Hamburger-Brötchen nehmen.
- Wie wäre es mit Sauerkraut statt Röstzwiebeln?
- Für Harissa gibt es wie für Ras el Hanout verschiedene Rezepte. Das Schöne an der Harissa-Würzmischung ist, dass sie scharf und säuerlich zugleich ist und dem Essen viel Geschmack verleiht.

FÜR 4 PERSONEN

ZUTATEN

4 Hotdogbrötchen
2 EL Olivenöl
4 Geflügel-Merguez-Würste (scharfe Bratwurst)
1 rote Zwiebel, geschält, in halben Ringen
4 EL Harissa (Gewürzpaste)
100 g Baba Ganoush (Auberginendip)
100 g Hummus
1 geröstete rote Paprika aus dem Glas, abgetropft, in Ringen
Mayonnaise nach Geschmack
4 EL Röstzwiebeln

AUSSERDEM

1 Pfanne

ZUBEREITUNGSZEIT
15 Minuten

Pistolet Brochette

MIT HARISSA-MAYONNAISE

Brochette ist die französische Bezeichnung für Fleischspieß. Um den Zeitaufwand möglichst gering zu halten, habe ich mich für eine Variante mit Rinderfilet, das zart und schnell durchgebraten ist, entschieden. Wenn du die Spieße noch mit süßsauren Gewürzgurken kombinierst – Wahnsinn!

FÜR 4 PERSONEN

ZUTATEN

400 g Rinderfilet, gewürfelt
2 EL Ras el Hanout (Gewürzmischung)
1 TL gemahlene Kurkuma
4 EL Olivenöl
Salz
200 g Mayonnaise
2 EL Harissa (Würzpaste)
1 rote Paprika, entkernt, gewaschen, grob gewürfelt
1 rote Zwiebel, geschält, klein geschnitten
8 Blatt Kopfsalat oder Romanasalat, gewaschen, getrocknet
8 längliche Scheiben Gewürzgurke
4 längliche Mehrkornbrötchen

AUSSERDEM

1 Tischgrill (oder Teppanyaki-Grillplatte)
4 Spieße
Alufolie

ZUBEREITUNGSZEIT
15 Minuten

BACKZEIT
8–12 Minuten

ZUBEREITUNG

1 Den Tischgrill oder die Grillplatte vorheizen. In einer Schüssel das Rinderfilet mit Ras el Hanout, Kurkuma und Olivenöl vermengen und mit Salz würzen.

2 Die Mayonnaise mit dem Harissa verrühren.

3 Das Fleisch, die Paprika und die Zwiebeln abwechselnd auf die Spieße stecken. Die Spieße etwa 6 Minuten von allen Seiten goldbraun und medium grillen, dabei regelmäßig um ein Viertel weiterdrehen.

4 Die gegrillten Spieße 6 Minuten mit Alufolie bedecken.

5 Die Brötchen längs aufschneiden und mit der Harissa-Mayonnaise bestreichen. Jedes Brötchen mit Salat, Gurke und Fleisch-Gemüsespießen (vorher von den Spießen ziehen) füllen.

TIPP

Lasse das Fleisch so lange unter der Alufolie ruhen, wie du es gegrillt hast.

Mein Extratipp

WENN DU KEINE GRILLPLATTE BZW. EINEN TISCHGRILL HAST, KANNST DU DIE BROCHETTES AUCH UNTER DEM BACKOFENGRILL ZUBEREITEN.

Streetfood & Snacks

ICH BIN VERRÜCKT NACH SNACKS UND STREETFOOD: MAXIMALE GESCHMACKSERLEBNISSE IN MINIMALER ZEIT!

Pide mit Pilzen

UND MARONEN

Um traditionelles Pide herzustellen, braucht man Zeit. Wenn du Lust auf einen schnellen Snack hast oder abends plötzlich Gäste vor der Tür stehen, kannst du Pide aus Pizzateig backen. Sie kommen dem Original ziemlich nah.

VORBEREITUNG

1 Die Pilze in gleich große Stücke schneiden.

2 Eine Pfanne auf mittlerer Stufe vorwärmen. Den Backofen auf 200 °C (Umluft 180 °C) vorheizen.

ZUBEREITUNG

3 Das Olivenöl in der Pfanne erhitzen und die Pilze und die Zwiebeln unter Rühren auf hoher Stufe etwa 5 Minuten bissfest andünsten. Mit Salz und Pfeffer würzen.

4 Den Knoblauch und die Maronen zufügen und auf mittlerer Stufe 2 Minuten mitbraten. Die Mischung im Sieb abtropfen und abkühlen lassen.

5 Den Pizzateig in 4 Teile schneiden und diese mit etwas Abstand zueinander auf ein mit Backpapier belegtes Backblech legen.

6 Die abgekühlte Pilzmasse auf den Pizzastücken verteilen, die Teigränder jeweils so nach innen falten, dass sich eine ovale Pideform ergibt.

7 Die Teigränder mit dem verquirlten Ei bestreichen und mit Sesam bestreuen.

8 Die »Pide« 10 Minuten im vorgeheizten Backofen backen. Vor dem Essen mit Kirschtomaten und Koriander belegen.

TIPP

Du weißt, wo es frische Maronen gibt? Dann röste sie in der Pfanne!

FÜR 4 PERSONEN

ZUTATEN

500 g gemischte Pilze, geputzt
50 ml Olivenöl
2 rote Zwiebeln, in halben Ringen
Salz und frisch gemahlener schwarzer Pfeffer
4 Knoblauchzehen, geschält, in Scheiben
8 gekochte Maronen, in kleinen Stücken
1 Rolle Dinkel-Pizzateig (400 g, aus dem Kühlregal)
1 Ei, verquirlt
1 EL weißer und schwarzer Sesam
8 Kirschtomaten, gewaschen, halbiert
4 Zweige Koriander, gewaschen, trocken getupft, Blätter abgezupft

AUSSERDEM

1 Pfanne
1 Sieb
Backpapier
1 Backblech
1 Backpinsel

ZUBEREITUNGSZEIT
25 Minuten

BACKZEIT
10 Minuten

Ras-el-Hanout-Rösti

Ich habe schon so oft Rösti zubereitet, dass ich es selbst mit geschlossenen Augen könnte. Meistens serviere ich sie als Beilage zu einem Hauptgericht, aber in diesem Rezept sind sie ein leckerer Snack, wenn man Lust auf etwas Herzhaftes hat.

FÜR 4 PERSONEN

ZUTATEN

600 g festkochende Kartoffeln, geschält, grob gerieben
2 Knoblauchzehen, geschält, gepresst
1 rote Zwiebel, geschält, fein gehackt
4 Zweige Oregano, gewaschen, trocken getupft, Blätter gehackt
2 El Ras el Hanout (Gewürzmischung)
Salz und frisch gemahlener schwarzer Pfeffer
Olivenöl zum Anbraten
200 g Ricotta
1 Chilischote, entkernt, in schmalen Ringen
2 Zweige Basilikum, gewaschen, trocken getupft, Blätter abgezupft

AUSSERDEM

1 Geschirrtuch
1 Vierkantreibe
1 große Pfanne
1 Schüssel
Küchenpapier

ZUBEREITUNGSZEIT
20 Minuten

VORBEREITUNG

1 Die geriebenen Kartoffeln mit einem sauberen Geschirrtuch gut trocken tupfen.

ZUBEREITUNG

2 In einer Schüssel die geriebenen Kartoffeln mit dem Knoblauch, den Zwiebeln und dem Oregano vermischen. Mit Ras el Hanout, Salz und Pfeffer würzen.

3 Eine Pfanne auf mittlerer Stufe vorwärmen und darin etwas Olivenöl erhitzen. 2–3 Portionen Kartoffelmasse in die Pfanne geben und flach verstreichen. 3–4 Minuten backen, umdrehen und weitere 2–3 Minuten backen.

4 Die Rösti auf Küchenpapier abtropfen lassen. Währenddessen die restlichen Rösti backen.

5 Die Rösti mit dem Ricotta bestreichen und mit der Chilischote und den Basilikumblättchen garnieren.

TIPPS

- Die Kartoffeln nicht waschen, um die Stärke zu erhalten. Stärke sorgt dafür, dass die Rösti während des Backens nicht auseinanderfallen.
- Wenn die Rösti doch auseinanderfallen, rühre 1 EL Kartoffelstärke oder Mehl unter.

Mein Extratipp

DIESE RÖSTI SCHMECKEN AUCH GUT ZU DEN TAJINES VON S. 110–113.

Mein Extratipp

WENIG ZEIT? DANN KAUFE DIE ROTE BETE KÜCHENFERTIG GEWÜRFELT ODER GERIEBEN.

Lammköfte-Tacos

Köfte sind nichts weiter als gewürztes Hackfleisch, zu Bällchen geformt. Oft findet man sie in Brötchen, Tajines oder auf Kebabspießen. Warum also nicht auch in Tacos? Durch die knusprige Hülle der Maisschale schmecken die Köfte mal ganz anders – und richtig gut!

FÜR 4 PERSONEN

ZUTATEN

500 g Lammhackfleisch

5 Zweige glatte Petersilie, gewaschen, trocken getupft, Blätter gehackt

1 Ei

2 EL Paniermehl

½ TL Zimtpulver

2 TL gemahlener Kreuzkümmel

Salz und frisch gemahlener schwarzer Pfeffer

2 EL Olivenöl

30 g geschälte ganze Mandeln

2 EL flüssiger Honig

4 Zweige Thymian, gewaschen, trocken getupft, Blätter gehackt

8 Tacoschalen

1 Gelbe Bete

1 Rote Bete, z. B. Ringelbete (Tonda di Chioggia), gerieben

ZUSÄTZLICH

1 Schüssel

1 große Pfanne

Mörser und Stößel

Alufolie

ZUBEREITUNG

1 In einer Schüssel das Lammhackfleisch mit Petersilie, Ei, Paniermehl, Zimt und Kreuzkümmel vermengen und mit Salz und Pfeffer würzen.

2 Aus der Masse etwa 20 Hackbällchen formen und leicht flach drücken.

3 Olivenöl in einer großen Pfanne auf mittlerer Stufe erhitzen und die Lammköfte in 7–8 Minuten goldbraun braten.

4 Die Mandeln im Mörser zerstampfen.

5 Die Lammköfte aus der Pfanne nehmen und in Alufolie einschlagen, um sie warm zu halten.

6 Bratflüssigkeit abgießen und die Mandeln, den Honig und die Thymianblätter in die Pfanne geben. Umrühren und vom Herd nehmen.

7 Die gesüßten Mandeln auf den Lammköfte verteilen und mit Tacoschalen und geriebener Bete servieren.

TIPP

Stelle die Zutaten einzeln auf den Tisch und lass jeden seinen eigenen Taco zusammenstellen. Die Party kann beginnen!

ZUBEREITUNGSZEIT
20 Minuten

Kapsalon Veggie-Style

MIT JACKFRUCHT

FÜR 4 PERSONEN

ZUTATEN

600 g Süßkartoffelpommes
6 EL Olivenöl
1 TL Pul Biber
1 EL Zitronensaft
4 EL Ingwersirup
1,2 kg Jackfrucht aus der Dose, abgespült, abgetropft
6 EL fettarmer Joghurt
3 EL Granatapfelsirup
80 g junger Blattspinat, gewaschen, abgetropft
150 g gegarte Rote Bete, in Stiften
1 rote Zwiebel, geschält, in Ringen
16 Kirschtomaten, gewaschen, in Scheiben
2 frische Jalapeños, in Ringen

AUSSERDEM

1 Backblech
Backpapier
1 Schüssel
1 Pfanne

ZUBEREITUNGSZEIT
30 Minuten

BACKZEIT
20 Minuten

VORBEREITUNG

1 Den Backofen auf 210 °C (Umluft 190 °C) vorheizen und das Backblech mit Backpapier auslegen.

ZUBEREITUNG

2 Die Süßkartoffelpommes in einer Lage auf dem Backblech verteilen und mit 2 EL vom Olivenöl beträufeln. Die Pommes 20 Minuten im vorgeheizten Backofen backen, bis sie knusprig sind.

3 Pul Biber, Zitronensaft und 3 EL Olivenöl mit dem Ingwersirup verrühren. Mit der Jackfrucht in eine Schüssel geben und umrühren. 10 Minuten marinieren lassen.

4 In der Zwischenzeit den Joghurt mit dem Granatapfelsirup verrühren.

5 1 EL Olivenöl bei mittlerer Stufe in einer Pfanne erhitzen und die marinierte Jackfrucht 10–12 Minuten darin braten. Sollte sie zu trocken werden, etwas Wasser zugeben.

6 Die Pommes auf 4 Tellern oder Salatschalen verteilen. Spinat und Rote Bete daraufgeben, anschließend die Jackfrucht, die Zwiebel und die Kirschtomaten. Mit etwas Joghurtdressing und Jalapeños garnieren, vor dem Essen das restliche Dressing darüberträufeln.

TIPP

Fans des original Kapsalons bestreuen das Gericht mit geriebenem Käse und überbacken es im Ofen goldbraun. Aber nur, wenn du Zeit hast …

Als ich zum ersten Mal in Rotterdam das Fastfood-Gericht „»Kapsalon« gegessen habe, war ich absolut begeistert – wenn nur die vielen Kalorien nicht gewesen wären! Diese vegetarische Variante mit Jackfrucht kannst du ohne Schuldgefühle genießen.

Patatas Bravas »Harra«

Nichts liebe ich mehr, als die Küchen der Welt zu verknüpfen. Dieses Rezept ist eine Kombination aus spanischen »Patatas Bravas« und einer marokkanischen Tajine mit scharfen Kartoffeln, der »Batata Harra«.

FÜR 4 PERSONEN

ZUTATEN

Öl für die Fritteuse

800 g gekochte Kartoffeln, gewürfelt

Salz

50 ml Olivenöl

6 Knoblauchzehen, geschält, gepresst

2 EL Harissa (Würzpaste)

2 EL Tomatenmark

Schale und Saft von 1 Bio-Zitrone

8 Zweige Koriander, gewaschen, trocken getupft, Blätter gehackt

1 TL gemahlener Kreuzkümmel

AUSSERDEM

1 Fritteuse

Küchenpapier

1 Pfanne

ZUBEREITUNG

1 Das Öl zum Frittieren in der Fritteuse auf 170 °C erhitzen und die Kartoffeln etwa 8 Minuten goldbraun frittieren.

2 Die Kartoffeln auf Küchenpapier abtropfen lassen und mit Salz bestreuen.

3 Das Olivenöl in einer Pfanne erhitzen und den Knoblauch, die Harissa-Würzpaste und Tomatenmark 1 Minute bei niedriger Hitze unter Rühren anbraten.

4 Den Zitronensaft und die Zitronenschale zufügen und alles gut verrühren.

5 Die Kartoffeln zufügen und so lange mitbraten, bis sie vollständig mit der warmen Sauce überzogen sind.

6 Zum Schluss den Koriander und den Kreuzkümmel zufügen, alles umrühren und sofort servieren.

TIPP

Du kannst die Kartoffelstückchen auch im Ofen oder in der Heißluftfritteuse backen. Das dauert nur etwas länger.

ZUBEREITUNGSZEIT
15 Minuten

Mein Extratipp

SCHMECKT BESONDERS GUT MIT LIBANESISCHEM FLADENBROT UND GEMÜSECHIPS. AUCH IDEAL ALS BEILAGE!

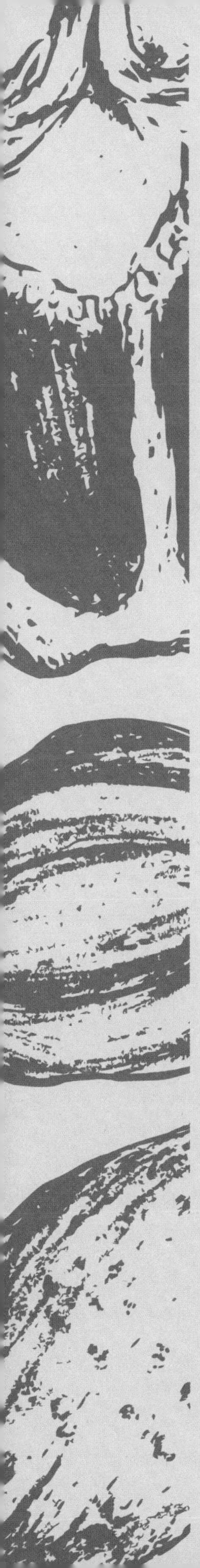

Hummus

DREIFACH VERFEINERT

Hummus wird aus Kichererbsen hergestellt. Normalerweise lässt man die getrockneten Kichererbsen stundenlang einweichen und kocht sie anschließend. Wenn ich für diese Hummusvarianten gekochte Kichererbsen aus der Dose verwende, begebe ich mich also auf ziemlich dünnes Eis. Aber es geht viel schneller und bietet sich an, um das Ganze mal auszuprobieren.

FÜR 400 GRAMM

ZUTATEN

- 400 g Kichererbsen aus der Dose, abgetropft, abgespült
- 2 EL Tahini (Sesammus)
- 4 EL extra natives Olivenöl
- 2 Knoblauchzehen, geschält, gepresst
- 4 EL frischer Zitronensaft
- Salz und frisch gemahlener schwarzer Pfeffer
- Olivenöl zum Braten
- ½ TL gemahlener Kreuzkümmel

AUSSERDEM

- 1 Küchenmaschine
- 1 Pfanne

ZUBEREITUNGSZEIT
15 Minuten

BASISHUMMUS

ZUBEREITUNG

1 Die Kichererbsen mit dem Tahini, dem Olivenöl, dem Knoblauch, dem Zitronensaft und 5 EL heißem Wasser sowie etwas Salz und Pfeffer in eine Küchenmaschine geben und 5 Minuten zu einem glatten Teig pürieren. Zwischendurch immer wieder mit einem Spatel den Hummus vom Schüsselrand nach unten schieben.

2 Einen Tropfen Olivenöl auf niedriger bis mittlerer Stufe in einer Pfanne erhitzen und den Kreuzkümmel darin 30 Sekunden andünsten. Zum Hummus geben und noch einmal 3–5 Minuten pürieren, bis ein glatter Hummus entsteht.

TIPPS

- Dieser himmlische Hummus schmeckt köstlich zu Couscoussalat oder geröstetem Kürbis.
- Der Hummus ist dir zu massig? Dann gib einen Schuss Wasser dazu und rühre so lange, bis er die gewünschte Konsistenz hat.

MIT BUNTEN MÖHREN

FÜR 1 SCHÜSSEL

ZUTATEN

300 g bunte Möhren, geputzt, gewaschen, mit Grün
2 EL Olivenöl
2 TL Zatar (Gewürzmischung)
400 g Hummus (s. Rezept auf S. 55)
Salz und frisch gemahlener schwarzer Pfeffer nach Belieben
extra natives Olivenöl zum Beträufeln
3 EL Granatapfelkerne
2 EL grob gehackte glatte Petersilie

AUSSERDEM

1 Backblech
Backpapier

ZUBEREITUNGSZEIT
5 Minuten

BACKZEIT
20–25 Minuten

VORBEREITUNG

1 Den Backofen auf 180 °C (Umluft 160 °C) vorheizen und das Backblech mit Backpapier auslegen.

ZUBEREITUNG

2 Die Möhren auf das Backblech legen, Olivenöl und Zatar darübergeben und die Möhren wenden. 20–25 Minuten im vorgeheizten Backofen bissfest backen.

3 Den Hummus in eine Schüssel oder in einen tiefen Teller geben. Die Möhren auf den Hummus legen. Eventuell mit Salz und Pfeffer würzen und mit dem Olivenöl beträufeln. Zum Schluss mit den Granatapfelkernen und der Petersilie bestreuen.

TIPPS

- Wenn die Möhren sehr dick sind, dann schneide sie der Länge nach durch. Das verkürzt die Backzeit.
- Die bunten Möhren schmecken auch gut zu einem Salat aus Linsen, Granatapfel und frischen Kräutern. Gib einen Löffel Hummus dazu und lass dir die einfache, aber leckere Mahlzeit schmecken.

MIT BLUMENKOHL

FÜR 1 SCHÜSSEL

ZUTATEN

400 g Hummus (s. Rezept auf S. 55)
1 Rote Bete, gekocht, geschält, gewürfelt
Salz
1 Mini-Blumenkohl, gewaschen, in Röschen
1 EL Olivenöl
1 rote Zwiebel, geschält, fein geschnitten
1 Knoblauchzehe, fein gehackt
1 TL gemahlener Kreuzkümmel
1 TL gemahlene Kurkuma
100 g Kichererbsen aus der Dose, abgespült
frisch gemahlener schwarzer Pfeffer
extra natives Olivenöl zum Braten
1 EL Pistazienkerne

AUSSERDEM

1 Küchenmaschine
1 Topf, 1 Pfanne

ZUBEREITUNGSZEIT
20–25 Minuten

ZUBEREITUNG

1 In der Küchenmaschine 300 g Hummus mit der Roten Bete zu einer glatten Masse verrühren.

2 Im Topf Wasser mit 1 Prise Salz zum Kochen bringen und darin die Blumenkohlröschen bissfest garen. Abgießen und abtropfen lassen.

3 Das Olivenöl auf mittlerer Stufe in einer Pfanne erhitzen und Zwiebeln und Knoblauch darin 3 Minuten anbraten.

4 Kreuzkümmel, Kurkuma, Blumenkohlröschen und Kichererbsen zufügen und alles 3–4 Minuten anbraten. Dann die Masse etwas abkühlen lassen.

5 Den Rote-Bete-Hummus in eine flache Schüssel geben und mit dem restlichen Basishummus bedecken. Die Blumenkohlmasse darauf verteilen. Eventuell mit Salz und Pfeffer würzen und mit dem Olivenöl beträufeln. Zum Schluss die Pistazien darüberstreuen.

TIPP

Statt Kreuzkümmel kannst du auch geräuchertes Paprikapulver oder mehr Kurkuma verwenden.

MIT FETA, TOMATEN UND ZWIEBELN

FÜR 1 SCHÜSSEL

ZUTATEN

1 EL Pinienkerne
Salz
400 g Hummus (s. Rezept auf S. 55)
200 g Kirschtomaten, gewaschen, in Stückchen
1–2 Mini-Salatgurken, längs halbiert, in Scheiben
3 EL Perlzwiebeln aus dem Glas, abgetropft
8–10 Oliven aus dem Glas, abgetropft, in Ringen
150 g Feta, zerkrümelt
1 TL geräuchertes Paprikapulver
¼ Bund Koriander, gewaschen, trocken getupft, Blätter gehackt
extra natives Olivenöl zum Anbraten
frisch gemahlener schwarzer Pfeffer

AUSSERDEM

1 Pfanne

ZUBEREITUNGSZEIT
5–10 Minuten

VORBEREITUNG

1 Die Pinienkerne in einer Pfanne ohne Öl goldbraun rösten (Achtung: Sie werden schnell braun!). Aus der Pfanne nehmen und mit etwas Salz bestreuen.

ZUBEREITUNG

2 Den Hummus in eine flache Schüssel geben und die Toppings darauf verteilen. Zum Schluss mit dem Olivenöl beträufeln und mit Salz und Pfeffer würzen.

TIPPS

- Fein gehackte Sardellenfilets sorgen zusätzlich für salzigen Geschmack. Lecker!
- Oder du versüßt dir das Gericht mit schmalen Nektarinenscheiben.

Mein Extratipp

FÜR DIE FÜLLUNG GIBT ES KEINE GRENZEN: PUTEN- ODER LAMMHACKFLEISCH, MEERESFRÜCHTE, KÜRBIS – DU HAST DIE WAHL!

Sambousek mit Sambal

VORBEREITUNG

1 Den Backofen auf 210 °C (Umluft 190 °C) vorheizen und das Backblech mit Backpapier auslegen.

2 Aus jeder Blätterteigplatte mit einem Glas einen Kreis ausstechen.

ZUBEREITUNG

3 Das Olivenöl auf mittlerer Stufe in einer Pfanne erhitzen und den Knoblauch 2–3 Minuten anschwitzen. Die braunen Champignons und den Lauch zufügen. So lange unter Rühren mitbraten, bis die Champignons gut angebraten und der Lauch weich ist.

4 Den Pfanneninhalt in ein Sieb geben und die Feuchtigkeit herausdrücken. Die Gemüsemischung anschließend in einer Schüssel mit dem Sambal und den Garnelen mischen.

5 Die Gemüse-Garnelen-Füllung jeweils unten auf den Teigkreis geben (am Rand etwas Platz lassen). Die obere Hälfte jeweils darüberlegen, sodass ein Halbkreis entsteht. Die Ränder mit einer Gabel fest andrücken. Die Teigtaschen mit dem verquirlten Eigelb bestreichen und mit Sesam bestreuen. Auf das Backblech legen und im vorgeheizten Backofen ca. 15 Minuten backen.

6 Für das Mango-Chutney das Sonnenblumenöl auf niedriger Stufe in einer Pfanne erhitzen und die Schalotten darin glasig anschwitzen. Die Mango, die Chilischote (sowohl die geschnittene, als auch die ungeschnittene Hälfte), die Aprikosen, Zimt und Pul Biber zugeben und 1 Minute mitdünsten. Mit 150 ml Wasser und Ahornsirup ablöschen und zum Kochen bringen. Anschließend 10 Minuten sanft köcheln lassen.

7 Die Teigtaschen aus dem Ofen nehmen und mit dem Mango-Chutney servieren.

TIPP

Du kannst die Sambousek natürlich auch in Chilisauce dippen und das Mango-Chutney weglassen.

FÜR 4 PERSONEN

ZUTATEN

- 16 Scheiben TK-Blätterteig, aufgetaut
- 1 EL Olivenöl
- 2 Knoblauchzehen, geschält, fein gehackt
- 200 g braunwe Champignons, geputzt, klein geschnitten
- 1 Stange Lauch, gewaschen, klein geschnitten
- 2 EL Sambal (Würzsauce)
- 150 g küchenfertige Garnelen, in Stücken
- 1 Eigelb, verquirlt, zum Bestreichen
- 1 EL Sesam (schwarz und weiß)

MANGO-CHUTNEY

- 2 EL Sonnenblumenöl
- 1 Schalotte, fein gehackt
- 1 Mango, geschält, entsteint, gewürfelt
- 1 Chilischote, halbiert, Hälfte fein geschnitten
- 4 getrocknete Aprikosen, gewürfelt
- 1 TL Zimtpulver
- 1 TL Pul Biber
- 2 EL Ahornsirup

AUSSERDEM

- 1 Backblech
- Backpapier
- 1 Glas
- 1 Topf
- 1 Pfanne
- 1 Sieb
- 1 Backpinsel

Traditionell wird der Teig für die gefüllten Taschen aus Mehl, Backpulver, Olivenöl und Wasser zubereitet. Da er lange ruhen muss, verwende ich hier tiefgekühlten Blätterteig.

ZUBEREITUNGSZEIT
30 Minuten

BACKZEIT
10–15 Minuten

Garnelen-Msemmen auf Mounir-Art

Msemmen sind viereckige marokkanische Brot-Pfannkuchen, die pur oder gefüllt gegessen werden. Diese schnelle Variante steht in nur einer halben Stunde auf dem Tisch.

FÜR 4 PERSONEN

ZUTATEN

200 g küchenfertige Nordseekrabben
1 Schalotte, in sehr feinen Ringen
4 Zweige Koriander, gewaschen, trocken getupft, Blätter gehackt
Salz und frisch gemahlener schwarzer Pfeffer
225 g Mehl
50 g feiner Grieß plus 4 TL zum Bestreuen
1 Ei
1 TL gemahlener Koriander
1 TL Salz
Sonnenblumenöl zum Bestreichen
50 g Butter, zerlassen
1 Bio-Zitrone, in Scheiben
Korianderblättchen und junge Mangoldstiele (nach Belieben)

AUSSERDEM

1 Schüssel
1 Küchenmaschine mit Knethaken
1 Backpinsel
1 Pfanne

ZUBEREITUNGSZEIT
30 Minuten

VORBEREITUNG

1 Die Krabben mit den Schalotten und dem gehackten Koriander in einer Schüssel mischen und mit Salz und Pfeffer würzen.

ZUBEREITUNG

2 Das Mehl, den Grieß, das Ei, 125 ml Wasser und gemahlenen Koriander mit Salz in eine Küchenmaschine geben und 8 Minuten zu einem gleichmäßigen Teig kneten.

3 Den Teig in 4 gleich große Bällchen formen. Mit Sonnenblumenöl bestreichen und zu sehr flachen, runden Teigfladen formen (das Öl macht den Teig geschmeidig) bzw. ausrollen.

4 Den Teig mit der zerlassenen Butter bestreichen und mit Grieß bestreuen. Die Krabbenmasse jeweils in die Mitte geben.

5 Jeweils zuerst die eine Seite über die Füllung zur Mitte schlagen, dann die andere Seite bis an den Rand darüberlegen. Die anderen beiden Seiten nacheinander zur Mitte hin falten, sodass ein Rechteck entsteht. Die Ränder gut zusammendrücken. Um die Füllung herum ist überall gleich viel Teig.

6 Eine Pfanne auf mittlerer Stufe vorwärmen.

7 Die Msemmen von jeder Seite 3 Minuten goldbraun braten. Mit einer Zitronenscheibe und mit Korianderblättern und nach Belieben Mangoldstielen garnieren.

Chicken over rice

Diesen Snack habe ich an einem Foodtruck in New York gegessen. In der Schlange standen jede Menge Ortsansässige: Ein gutes Zeichen, auch wenn ich ganz schön lange anstehen musste! Mit diesem Rezept kannst du das Gericht selbst zu Hause nachkochen, ganz ohne Wartezeit.

VORBEREITUNG

1 Die Schmorpfanne auf niedriger Stufe vorwärmen.

ZUBEREITUNG

2 Die Butter in der Pfanne zerlassen und die Vermicelli darin unter Rühren goldbraun anbraten.

3 Den Reis, das Hähnchenfleisch, Ras el Hanout und Paprikapulver zufügen und mit der Brühe ablöschen.

4 Zugedeckt etwa 15 Minuten in der Pfanne auf niedriger Stufe köcheln lassen, bis der Reis und das Hähnchenfilet gar sind.

5 Die Kidneybohnen, den Mais und den Koriander in die Pfanne geben und vorsichtig untermischen. Eventuell mit Salz und Pfeffer würzen.

6 Die Füllung auf die Wraps geben, diese falten und in kleine Röllchen schneiden. Genieß es!

TIPPS

- Wenn du gefüllte Wraps übrig hast, kannst du sie am nächsten Tag im Ofen oder auf dem Tischgrill aufwärmen.
- Variiere das Gericht auch mal mit Gemüse, Hülsenfrüchten und anderen Zutaten, bis du deine ideale Mischung gefunden hast.

FÜR 4 PERSONEN

ZUTATEN

100 g gesalzene Butter

50 g dünne Reisnudeln (Vermicelli)

200 g Parboiled Reis

1 Hähnchenfilet, in dünnen Streifen

2 EL Ras el Hanout (Gewürzmischung)

1 EL Paprikapulver

1 l Hühnerbrühe

75 g Kidneybohnen aus der Dose, abgespült, abgetropft

50 g Süßmais aus der Dose, abgetropft

8 Zweige Koriander, gewaschen, trocken getupft, Blätter gehackt

Salz und frisch gemahlener schwarzer Pfeffer (nach Belieben)

8 Vollkornwraps

AUSSERDEM

1 Schmorpfannne

ZUBEREITUNGSZEIT
30 Minuten

Mein Extratipp

TOLLER SNACK, ABER AUCH LECKER IN EINEM FRISCHEN SALAT.

Scharfer Kichererbsen-Nussmix

Der beste Tipp, den ich dir für dieses Rezept geben kann: Iss alles schnell auf, denn wenn du den Mix in einer Dose aufbewahrst, wird er durch den Honig schnell weich. Das schmeckt zwar immer noch gut, aber knusprig ist der Mix einfach am besten.

FÜR 4 PERSONEN

ZUTATEN

400 g Kichererbsen aus der Dose, abgespült, abgetropft

80 g trocken geröstete, ungeschälte Mandeln ohne Salz

80 g Cashewnüsse

2 EL gerösteter Sesam

3 EL flüssiger Honig

2 TL Pul Biber

Meersalz

AUSSERDEM

1 Backblech

Backpapier

1 Geschirrtuch

1 Schüssel

VORBEREITUNG

1 Den Backofen auf 180 °C (Umluft 160 °C) vorheizen und das Backblech mit Backpapier auslegen.

2 Die Kichererbsen vorsichtig mit einem sauberen Geschirrtuch trocken tupfen.

ZUBEREITUNG

3 Alle Zutaten in eine große Schüssel geben und so oft wenden, bis die Nüsse und die Kichererbsen vollständig von einer Schicht aus Honig, Pul Biber und Meersalz bedeckt sind.

4 Den Mix auf dem Backblech verteilen und 20–25 Minuten im Ofen backen, bis Kichererbsen, Mandeln und Nüsse goldbraun und knusprig sind. Nach der Hälfte der Zeit einmal wenden.

TIPP

Pul Biber lässt sich auch gut durch Harissapulver oder Cayennepfeffer ersetzen.

ZUBEREITUNGSZEIT
5 Minuten

BACKZEIT
20–25 Minuten

Burger & BBQ

WENN MEINE FREUNDE
ZUM ESSEN KOMMEN,
HÄLT MICH NICHTS MEHR:
ICH FEUERE GLEICH ZWEI
BBQ-GRILLS AUF EINMAL AN.

HALLOUMI-
burger
(s. S. 72)

BROKKOLI-
Fischburger
(s. S. 72)

HÄHNCHEN-HARISSA Burger

(s. S. 73)

Mein Extratipp

ICH HABE EINEN BBQ VON »THE BASTARD« ZU HAUSE. ABSOLUT EMPFEHLENSWERT!

Best Burger Basics

Meine Freunde nennen mich auch »Mister Burger«. Kein Wunder: Zu Hause essen wir mindestens einmal pro Woche Burger, und meist komme ich mit einer neuen Kreation um die Ecke, zum Beispiel mit Käse und Nüssen. Und wenn »Männertag« ist, liegen Dutzende auf dem Rost!

BASIC BURGER

FÜR 4 PERSONEN

ZUTATEN

4 Hamburger-Brötchen oder andere weiche Brötchen, halbiert und getoastet

8 Blatt Kopfsalat, gewaschen, trocken getupft

4 Mini-Salatgurken, in hauchdünnen Scheiben (s. Tipp)

2 Tomaten, gewaschen, in dünnen Scheiben (s. Tipp)

8 längliche Scheiben Gewürzgurke

TIPP

Reibe die Gurken und Tomaten mit dem Gemüsehobel in Scheiben, das geht richtig schnell.

ZUBEREITUNGSZEIT
5 Minuten

GRUNDSAUCE FÜR BURGER

FÜR 4 PERSONEN

ZUTATEN

300 g türkischer Joghurt

1 EL Sumach

Saft und Schale von 1 Bio-Limette

ZUBEREITUNG

Alle Zutaten vermengen – und fertig!

ZUBEREITUNG
5 Minuten

Die Sauce ist einfach zuzubereiten, und zwar mit Absicht: Du brauchst all deine Aufmerksamkeit für die fantastischen Burger von S. 72–73.

HALLOUMIBURGER

FÜR 4 PERSONEN

ZUTATEN

2 Pck. Halloumi (à 400 g), halbiert

1 rote Zwiebel, geschält, in hauchdünnen Ringen

2 große, geröstete rote Paprika aus dem Glas, halbiert

1 x Grundrezepte (s. S. 70)

AUSSERDEM

1 BBQ-Grill

1 Plancha-Grillplatte oder 1 andere Grillplatte

ZUBEREITUNGSZEIT
15 Minuten

VORBEREITUNG

1 Den BBQ-Grill auf 175 °C vorheizen.

ZUBEREITUNG

2 Den Halloumi 3–4 Minuten auf der flachen Grillplatte grillen. Wenden, die Zwiebel darauflegen und 3–4 Minuten weitergrillen. Auch die Paprika auf den Grill geben und 3–4 Minuten mitrösten.

3 Jetzt kann die Party beginnen: Einfach die Basiszutaten von S. 70 nach Lust und Laune auf den Burger schichten und kombinieren.

TIPP

Du kannst auch rohe Paprika auf dem Grill rösten, das dauert etwa 10 Minuten.

BROKKOLI-FISCHBURGER

FÜR 4 PERSONEN

ZUTATEN

300 g Brokkoli, gewaschen, Stängel geschält, mit Röschen grob zerkleinert

300 g Seelachsfilet

1 EL Harissa (Würzpaste)

2 Knoblauchzehen, geschält, fein gehackt

1 Prise Salz

1 rote Zwiebel, geschält, fein geschnitten

2 Eier

1 x Grundrezepte (s. S. 70)

AUSSERDEM

1 BBQ-Grill

1 Küchenmaschine

1 Plancha-Grillplatte oder 1 andere Grillplatte

Küchenpapier

ZUBEREITUNGSZEIT
20 Minuten

VORBEREITUNG

1 Den BBQ-Grill auf 160 °C vorheizen.

ZUBEREITUNG

2 Den Brokkoli, den Seelachs, die Harissa, den Knoblauch, das Salz, die Zwiebel und die Eier in eine Küchenmaschine geben und zu einer feinen Mischung pürieren, die an Hackfleisch erinnert.

3 Die Masse vierteln und jeweils einen Burger daraus formen. Fischburger auf die Grillplatte legen und ca. 4 Minuten garen, dabei einmal wenden.

4 Die Burger vom Grill nehmen und auf Küchenpapier legen. Mit den Grundzutaten von S. 70 servieren.

TIPP

Lust auf Abwechslung? Den Brokkoli kannst du auch durch Pastinaken oder Möhren ersetzen.

HÄHNCHEN-HARISSA-BURGER

FÜR 4 PERSONEN

ZUTATEN

600 g Geflügelhackfleisch

2 EL Paniermehl

1 kleines Ei

1 Knoblauchzehe, gepresst

2 EL Harissa (Würzpaste)

1 x Grundrezepte (s. S. 70)

AUSSERDEM

1 BBQ-Grill

Küchenpapier

ZUBEREITUNGSZEIT
20 Minuten

VORBEREITUNG

1 Den Grill auf 175 °C vorheizen.

ZUBEREITUNG

2 Das Geflügelhackfleisch, das Paniermehl und das Ei in eine Schüssel geben, dann den Knoblauch mit Harissa zufügen. Mit den Händen durchkneten, bis alles gut vermengt ist.

3 Aus der Hackfleischmasse 4 Fleischburger formen. Die Burger von beiden Seiten auf dem BBQ-Grill goldbraun grillen, bis sie durch sind (siehe Tipp). Das dauert je nach Dicke ca. 5–8 Minuten.

4 Die Burger auf Küchenpapier abtropfen lassen. Mit den Grundzutaten von Seite 70 servieren.

TIPP

Wenn du dickere Burger magst, dann grille sie bei niedriger Hitze. Und wenn sie dir nicht flach genug sein können, dann grille sie heißer. Das mag zwar unlogisch klingen, aber glaub mir: So werden sie am leckersten!

Mein Extratipp

LASS DIE CHERMOULA IN EINER FEUERFESTEN PFANNE AUF DEM GRILL MITBRUTZELN.

Lammkoteletts

MIT WÜRZIGER CHERMOULA

Lammfleisch und Chermoula werden normalerweise sehr langsam gegart, aber bei diesem Gericht kannst du schon nach 30 Minuten mit dem Essen anfangen.

FÜR 4 PERSONEN

ZUTATEN

12 Lammkoteletts

2 EL Olivenöl

2 EL Baharat (orient. Gewürzmischung)

8 Zweige Koriander, gewaschen, trocken getupft, Blätter abgezupft, zum Garnieren

CHERMOULA

2 EL Olivenöl

1 Zwiebel, geschält, fein gewürfelt

2 Knoblauchzehen, geschält, in Scheiben

je 1 rote und gelbe Paprika, entkernt, gewaschen, klein geschnitten

Salz und frisch gemahlener schwarzer Pfeffer

Saft und Schale von 2 Bio-Limetten

50 ml Essig

2 EL Tomatenmark

AUSSERDEM

1 Backpinsel

1 BBQ-Grill

Alufolie

1 Pfanne

VORBEREITUNG

1 Den Grill auf 175 °C erhitzen.

2 Die Lammkoteletts mit dem Olivenöl und dem Baharat bestreichen und 15 Minuten ruhen lassen.

ZUBEREITUNG

3 Für die Chermoula das Olivenöl in einer Pfanne erhitzen und darin die Zwiebel, den Knoblauch und die Paprikaschoten auf mittlerer Stufe etwa 4 Minuten bissfest garen. Mit Salz und Pfeffer würzen. Die Limettenschale und den Limettensaft, den Essig und das Tomatenmark zufügen und auf niedriger Stufe sanft köcheln lassen.

4 Die Lammkoteletts etwa 3 Minuten pro Seite grillen, je nach persönlichem Geschmack. Die Koteletts anschließend 6 Minuten unter Alufolie ruhen lassen.

5 Die Lammkoteletts mit der Chermoula servieren und mit dem Koriander garnieren.

TIPP

Chermoula ist ein marokkanischer Gemüseeintopf, den du beliebig variieren kannst: Vom einfachen Paprikaeintopf zum edlen Garnelen-Auberginen-Gericht sind die Möglichkeiten unerschöpflich.

ZUBEREITUNGSZEIT

30 Minuten

Sloppy ToubToub

FÜR 4 PERSONEN

ZUTATEN

200 g gekochte Linsen
50 ml Olivenöl
400 g braune Champignons, geputzt, geviertelt
1 rote Zwiebel, geschält, grob zerkleinert
3 Knoblauchzehen, geschält, gehackt
2 TL geräuchertes Paprikapulver
100 g gesalzene, geröstete Cashewnüsse
75 g geriebener alter Käse
50 g Butter
Salz und frisch gemahlener schwarzer Pfeffer
400 g gehackte Tomaten aus der Dose
4 Brötchen
Kartoffelchips als Beilage

AUSSERDEM

1 BBQ-Grill
1 feuerfeste Pfanne
1 Sieb
1 Küchenmaschine

ZUBEREITUNGSZEIT
20–25 Minuten

VORBEREITUNG

1 Den BBQ auf 180 °C vorheizen.

2 Die gekochten Linsen abgießen, mit kaltem Wasser abspülen und abtropfen lassen.

ZUBEREITUNG

3 Eine feuerfeste Pfanne auf dem Grill vorwärmen. Das Olivenöl in der Pfanne erhitzen und die Champignons und die Zwiebel unter Rühren 5 Minuten auf hoher Stufe anbraten.

4 Den Knoblauch und das geräucherte Paprikapulver zufügen und 1 Minute mitbraten.

5 Die Masse in ein Sieb geben und die Feuchtigkeit herausdrücken.

6 Anschließend mit den Cashewnüssen in eine Küchenmaschine geben und fein pürieren. Linsen und Käse unterrühren.

7 Die Butter in der feuerfesten Pfanne zerlassen, die Pilz-Linsen-Masse zufügen und etwa 3 Minuten bei mittlerer Temperatur anbraten.

8 Mit Salz und Pfeffer würzen, mit Tomaten und Tomatensaft ablöschen und zum Kochen bringen.

9 Die Brötchen halbieren und kurz auf dem Grill toasten. Das vegetarische Sloppy ToubToub auf den unteren Brötchenhälften verteilen. Mit den oberen Hälften abdecken. Mit Chips servieren.

TIPP

Du solltest unbedingt eine Serviette zur Hand haben, denn das Ganze ist wirklich sloppy (»schlampig). Aber hey, ein bisschen Kleckern ist erlaubt.

Wer kennt ihn nicht, den amerikanischen Sloppy Joe? Meine Familie ist verrückt nach der veganen Alternative, dem Sloppy ToubToub. Er wird mit Linsen, Tomaten und Champignons zubereitet.

Mein Extratipp

DIE RESTLICHE MARINADE KANNST DU EINE WOCHE IM KÜHLSCHRANK AUFBEWAHREN.

Kebab-Quartett

Eine Feier ist für mich erst dann gelungen, wenn alle glücklich nach Hause gehen: die Fischliebhaber, die Fleischesser und die Vegetarier. Um es mir einfacher zu machen, bereite ich eine Basismarinade zu, die zu jedem Kebab von S. 80–81 passt.

GRUNDMARINADE FÜR KEBABS

FÜR 4 SPIESSE

ZUTATEN

2 EL Ras el Hanout
1 TL Ingwerpulver
1 TL Sumach
1 TL gemahlener Kreuzkümmel
4 Knoblauchzehen, geschält, gepresst
Saft und Schale von 1 Bio-Limette
100 ml Olivenöl
Salz und frisch gemahlener schwarzer Pfeffer

ZUBEREITUNG

I Alle Zutaten zu einer glatten Marinade vermengen.

TIPP

Bereite etwas mehr Marinade zu und fülle einen Teil davon in eine Sprühflasche. Dann kannst du zwischendurch zusätzliche Marinade auf die Kebabs geben und ihnen mehr Geschmack verleihen.

ZUBEREITUNGSZEIT
5 Minuten

FISCHKEBABS

FÜR 4 SPIESSE

ZUTATEN

1 Portion Grundmarinade für , Kebabs (s. S. 79)

300 g Lachsfilet

300 g Kabeljaufielt

12 küchenfertige Eismeergarnelen

1 rote Zwiebel, geschält, geachtelt

8 Kirschtomaten, gewaschen

1 Bio-Zitrone, längs halbiert, in 8 halben Scheiben

AUSSERDEM

1 BBQ-Grill

4 Metallspieße

ZUBEREITUNGSZEIT
15 Minuten

VORBEREITUNG

1 Den BBQ-Grill auf 175 °C vorheizen.

2 Die Grundmarinade zubereiten.

3 Das Lachs- und Kabeljaufilet in je 6 gleich große Stücke teilen. Die Fischwürfel und die Garnelen 5 Minuten in der Marinade ziehen lassen.

ZUBEREITUNG

4 Die Zutaten abwechselnd auf die Spieße stecken: Pro Spieß je 3 Garnelen, 3 Fischwürfel, 2 Tomaten und 2 Scheiben Zitrone. Die Kebabs 2 Minuten von jeder Seite grillen.

TIPPS

- Frisch vom Grill schmecken die Fischkebabs besonders gut.
- Am besten sind die Fischspieße, wenn der Fisch von innen noch glasig ist.

HÄHNCHENKEBABS

FÜR 4 SPIESSE

ZUTATEN

1 Portion Grundmarinade für Kebabs (s. S. 79)

400 g ausgelöstes Hähnchenschenkelfleisch

½ Zucchini, gewaschen, halbiert, in Scheiben geschnitten

2 grüne Paprika, entkernt, gewürfelt (gleiche Größe wie beim Hähnchen)

2 EL Sumach

AUSSERDEM

1 BBQ-Grill

4 Metallspieße

ZUBEREITUNGSZEIT
25 Minuten

VORBEREITUNG

1 Den Grill auf 175 °C vorheizen.

2 Die Grundmarinade zubereiten.

3 Das Hähnchenfilet in 12 gleich große Würfel schneiden und 5 Minuten in der Marinade ziehen lassen.

ZUBEREITUNG

4 Zucchini, Paprika und Hähnchen abwechselnd auf die Spieße stecken.

5 Die Kebabs von jeder Seite 4–5 Minuten grillen, bis das Hähnchen gut durch ist.

6 Die Kebabs vom Grill nehmen und mit etwas Sumach bestreuen.

TIPP

Alle Zutaten sollten gleich dick sein, damit sie alle den Rost berühren.

HALLOUMIKEBABS

FÜR 4 SPIESSE

ZUTATEN

1 Portion Grundmarinade für Kebabs (s. S. 79)

400 g Halloumi, in 16 länglichen Streifen

8 Stangen grüner Spargel

Salz

16 sonnengetrocknete Tomaten

AUSSERDEM

1 BBQ-Grill

4 Metallspieße

VORBEREITUNG

1 Den Grill auf 175 °C aufheizen.

2 Die Grundmarinade herstellen.

3 Die Halloumi-Streifen 5 Minuten in der Marinade ziehen lassen.

4 Den grünen Spargel so lange in reichlich kochendem Wasser mit 1 Prise Salz blanchieren, dass er gerade noch bissfest ist. Gut abkühlen lassen!

ZUBEREITUNG

5 Die Spargelstangen halbieren. Sie sollten die gleiche Länge haben wie die Halloumi-Streifen.

6 Spargel, Halloumi, Tomate abwechselnd auf die Spieße stecken.

7 Die Kebabs 2 Minuten von jeder Seite grillen. Vom Grill nehmen und mit etwas übrig gebliebener Marinade beträufeln.

TIPP

Die weichen sonnengetrockneten Tomaten sind eine super Ergänzung zu dem festen Halloumi.

ZUBEREITUNGSZEIT
25 Minuten

LAMMKEBABS

FÜR 4 SPIESSE

ZUTATEN

1 Portion Grundmarinade für Kebabs (s. S. 79)

500 g Lammfleisch von der Keule

8 Zweige Minze, gewaschen, trocken getupft, Blätter gehackt

2 EL gemahlener Kreuzkümmel

AUSSERDEM

1 BBQ-Grill

4 Metallspieße

VORBEREITUNG

1 Den Grill auf 175 °C vorheizen.

2 Die Grundmarinade zubereiten.

3 Das Lammfleisch gleichmäßig würfeln und mit der Minze und dem gemahlenen Kreuzkümmel 5 Minuten in der Marinade ziehen lassen.

ZUBEREITUNG

4 Die Lammfleischwürfel auf die Spieße stecken.

5 Die Lammkebabs etwa 2 Minuten von jeder Seite grillen, je nach gewünschtem Gargrad.

6 Die Kebabs vom Grill nehmen und mit etwas Marinade beträufeln.

TIPP

Dazu schmeckt eine Tasse frischer Minztee!

ZUBEREITUNGSZEIT
20 Minuten

Suppen & Salate

SUPPEN UND SALATE SOLLTEN FARBENFROH, ÜPPIG UND SCHMACKHAFT SEIN.
SONST KOMMEN SIE BEI MIR NICHT AUF DEN TISCH!

Hühnersuppe mit Orzo

Bei den Italienern heißen die gerstenkorngroßen Reisnudeln Orzo, Risoni oder Risi, die Griechen nennen sie Kritharaki. Meine Mutter hat früher, als mein Bruder und ich klein waren, oft Orzo mit Zucker in Milch aufgekocht. Jetzt ist auch meine Tochter auf den Geschmack gekommen und fragt immer wieder danach. In diesem Rezept bereichern die Reisnudeln einen Eintopf.

FÜR 4 PERSONEN

ZUTATEN

1–2 EL Olivenöl
1 große Zwiebel, geschält, fein gehackt
3 Knoblauchzehen, geschält, fein gehackt
2 TL gemahlener Kreuzkümmel
1,5 l Hühnerbrühe
4 Möhren, geschält, in dünnen Scheiben
2 Stangen Staudensellerie, gewaschen, halbmondförmig geschnitten
2 Hähnchenfilets, halbiert
1 EL Harissa (Würzpaste)
Salz und frisch gemahlener schwarzer Pfeffer
400 g Orzo (Reisnudeln)
2 Handvoll Grünkohlblätter, grob gehackt
3 Frühlingszwiebeln, in schrägen Ringen
4 EL Brotcroûtons
½ Bio-Zitrone, in Scheiben

AUSSERDEM

1 Suppentopf

ZUBEREITUNGSZEIT
30 Minuten

ZUBEREITUNG

1 Das Olivenöl im Suppentopf auf mittlerer Stufe erhitzen und die Zwiebel, den Knoblauch und den Kreuzkümmel 4–5 Minuten darin anbraten.

2 Die Brühe zugießen und zum Kochen bringen. Die Möhren, den Staudensellerie, das Hähnchenfilet und die Harissa zufügen und mit Salz und Pfeffer würzen. 15 Minuten weiterköcheln, aber nicht mehr kochen.

3 Das Hähnchen aus dem Topf nehmen und in Streifen schneiden oder reißen. Reisnudeln in den Topf geben und wieder aufkochen. 7–9 Minuten weiterköcheln, bis Reisnudeln und Gemüse bissfest sind. Das Hähnchen zufügen und kurz erhitzen.

4 Die Suppe auf 4 Teller verteilen. Den Grünkohl, die Frühlingszwiebeln und die Croûtons hineingeben und in jeden Teller 1 Scheibe Zitrone legen. Mit Pfeffer und eventuell Salz abschmecken.

TIPP

Du bekommst keinen Orzo? Dann schau im Nudelregal nach. Dort findest du Risoni, das ist das Gleiche. Manche Supermärkte haben Regale mit Zutaten für die maritime Küche. Dort liegen auch Kritharaki.

Blitzschnelle Harira

Dieses Rezept stammt von meiner Frau. Während ich Ideen für das Kochbuch gesammelt habe, hat sie diesen Energy Booster für mich zubereitet. Nein, sie hat ihn nicht 4 Stunden lang köcheln lassen wie meine Mutter: Die Schüssel mit heißer Harira stand nach nur 30 Minuten vor mir. Klar, dass das Rezept in dieses Buch gehört, oder? Die Harira ist mindestens so lecker wie die slow Variante!

ZUBEREITUNG

1 Die Tomaten mit der Zwiebel, der Petersilie, dem Koriander und dem Sellerie in einen Mixer oder die Küchenmaschine geben und fein pürieren.

2 Etwas Olivenöl im Suppentopf erhitzen und das pürierte Gemüse zugeben. Mit Salz und Pfeffer, dem Ingwer, Zimt und Safran würzen und 2 Minuten erhitzen.

3 Das Ganze mit der Bouillon ablöschen und zum Kochen bringen.

4 Aus dem Rinderhackfleisch kleine Bällchen formen und zusammen mit den Kichererbsen, den Linsen und den Vermicelli in die kochende Suppe geben. Etwa 5 Minuten erhitzen, bis Hackbällchen und Vermicelli gar sind.

5 Das Mehl mit 2 EL Wasser verrühren und die Harira damit binden. Unter Rühren erneut zum Kochen bringen und anschließend 2 Minuten weiterköcheln lassen.

TIPP

Lust auf eine noch größere Geschmacksexplosion? Dann würze das Hackfleisch, bevor du daraus Bällchen formst.

FÜR 4 PERSONEN

ZUTATEN

400 g gehackte Tomaten aus der Dose

1 rote Zwiebel, geschält, grob gehackt

½ Bund glatte Petersilie, gewaschen, trocken geschüttelt

½ Bund frischer Koriander, gewaschen, trocken geschüttelt

¼ Bund frischer Staudensellerie, gewaschen, klein geschnitten

Olivenöl zum Anbraten

1 EL Salz

½ TL frisch gemahlener schwarzer Pfeffer

1 TL Ingwerpulver

½ TL Zimtpulver

½ Pck. Safran (à 0,025 g)

1,5 l Rinderbouillon

150 g Rinderhackfleisch

200 g Kichererbsen aus der Dose, abgespült, abgetropft

100 g Linsen aus der Dose, abgespült, abgetropft

40 g Vermicelli (Fadennudeln)

2 EL Mehl

AUSSERDEM

1 Mixer oder 1 Küchenmaschine

1 Suppentopf

ZUBEREITUNGSZEIT
20–25 Minuten

Kalte Gurkensuppe

MIT NORDSEEKRABBEN

FÜR 4 PERSONEN

ZUTATEN

3 Salatgurken, gewaschen, längs halbiert, grob zerkleinert
2 TL Schale von ½ Bio-Zitrone
40 ml frischer Zitronensaft
2 Knoblauchzehen, geschält, fein gehackt
2 Schalotten, geschält, fein gehackt
½ rote Chilischote, entkernt, fein gehackt
1 Stück frische Ingwerwurzel (à 1 cm), geschält, gerieben
50 g Tahini (Sesammus)
2 Stängel Dill, gewaschen, Spitzen abgezupft
3 Zweige Minze, gewaschen, Blätter abgezupft
110 g Eiswürfel
Salz und frisch gemahlener schwarzer Pfeffer
150 g geschälte Nordseekrabben
1 EL Sonnenblumenkerne
extra natives Olivenöl zum Beträufeln

AUSSERDEM

1 leistungsstarker Mixer oder Stabmixer

ZUBEREITUNGSZEIT
10–15 Minuten

In Marokko findest du auf den Märkten Berge von Obst und Gemüse. Mit frischen, regionalen Zutaten zu kochen, ist einfach top! Daher ist diese Gurkensuppe mit Tahini das ideale Sommergericht. Einfach, aber finger licking good.

ZUBEREITUNG

1 Die Gurke, die Zitronenschale und den -saft, den Knoblauch, die Schalotte, die Chilischote, den Ingwer, die Tahini, 1 Stängel Dill, Minze und Eiswürfel in einen Mixer geben und in 5 Minuten zu einer glatten Suppe verrühren.

2 Mit Salz und Pfeffer abschmecken. Die Suppe mit Krabben, Sonnenblumenkernen, Olivenöl und den restlichen Dillspitzen garnieren.

TIPP

Statt Dill kannst du auch Basilikum oder Petersilie verwenden.

Mein Extratipp

EISKALT SERVIERT SCHMECKT DIE SUPPE AN HEISSEN SOMMERTAGEN AM BESTEN!

Fischsuppe

MIT GANZEN MEERESFRÜCHTEN

Für eine klassische Fischsuppe bereitet man eigentlich eine Bouillon aus Fischresten zu. Für diese schnelle Variante darfst du schon einmal Fischfond aus dem Glas verwenden. Dadurch bekommt die Suppe einen intensiveren Geschmack, der in dir Urlaubssehnsucht nach Sonne, Meer, Strand und idyllischen Häfen weckt.

FÜR 4 PERSONEN

ZUTATEN

2 EL Olivenöl

2 rote Zwiebeln, geschält, fein gehackt

2 Knoblauchzehen, geschält, fein gehackt

700 g passierte Tomaten aus dem Tetrapack

3 Lorbeerblätter

200 ml Fischfond aus dem Glas

Schale von ½ Bio-Zitrone plus etwas Saft

1 Pck. Safran (à 0,05 g)

450 g TK-Gemischte Meeresfrüchte (Garnelen, Muscheln, Tintenfisch), aufgetaut

Salz und frisch gemahlener schwarzer Pfeffer

4 Zweige Koriander, gewaschen, trocken getupft, Blätter abgezupft

AUSSERDEM

1 Suppentopf

ZUBEREITUNG

1 Das Olivenöl auf mittlerer Stufe im Suppentopf erhitzen und die Zwiebeln und den Knoblauch darin 3–4 Minuten anschwitzen.

2 Die passierten Tomaten, die Lorbeerblätter, 400 ml Wasser und den Fischfond zugeben und aufkochen. Die Zitronenschale, den Zitronensaft und den Safran zufügen. Bei geschlossenem Deckel 15 Minuten auf niedriger Stufe sanft köcheln lassen. Regelmäßig umrühren.

3 Die Meeresfrüchte zufügen und 5–7 Minuten mitkochen, bis sie gar sind. Mit Salz und Pfeffer würzen.

4 Die Lorbeerblätter entfernen. Die Suppe in 4 Teller füllen, die Meeresfrüchte gleichmäßig verteilen und mit den Korianderblättern garnieren.

TIPP

Ich verwende hier tiefgekühlte Meeresfrüchte, aber fangfrisch sind sie natürlich noch sehr viel besser.

ZUBEREITUNGSZEIT
30 Minuten

Perl-Couscous-Salat

MIT GEGRILLTEN PFIRSICHEN

FÜR 4 PERSONEN

ZUTATEN

500 ml Hühnerbrühe
2 TL Zimtpulver
250 g Perl-Couscous
4 reife Pfirsiche, frisch oder aus der Dose, entsteint und halbiert
Olivenöl zum Bestreichen
200 g gemischter Salat, gewaschen, trocken geschüttelt
200 g geräuchertes Hähnchenbrustfilet, in Scheiben
2 Handvoll Brombeeren, gewaschen
4 Kugeln Burrata-Käse
75 g Pistazienkerne

DRESSING

6 EL extra natives Olivenöl
2 EL Weißweinessig
1 TL Senf
½ EL flüssiger Honig
1 TL Sumach
Salz und frisch gemahlener schwarzer Pfeffer

AUSSERDEM

1 Grillpfanne
1 Backpinsel
1 Geschirrtuch
1 Salatschüssel oder -schale

ZUBEREITUNGSZEIT
20 Minuten

ZUBEREITUNG

1 Die Brühe mit dem Zimt aufkochen und den Perl-Couscous nach Packungsanweisung zubereiten.

2 Alle Dressing-Zutaten verrühren und mit Salz und Pfeffer würzen.

3 Die Grillpfanne erhitzen. Die Pfirsiche mit einem Geschirrtuch gründlich trocken tupfen und an den Seiten mit Olivenöl bestreichen. Mit der Schnittfläche nach unten in die Grillpfanne legen und 4–6 Minuten unter Wenden braten.

4 Den Salat in eine große Schüssel oder Schale geben, Perl-Couscous zufügen und die Zutaten mit dem Dressing mischen.

5 Die Pfirsiche in Spalten schneiden. Die Putenfiletscheiben, die Pfirsiche, die Brombeeren und den Burrata auf dem Salat anrichten und mit Salz und Pfeffer bestreuen. Zum Schluss die Pistazien darüberstreuen.

TIPP

Ich liebe den sahnigen Charakter des Burrata, aber du kannst natürlich auch einen salzigen Feta verwenden.

Obst kombiniert mit herzhaften Zutaten? Das liegt nicht unbedingt auf der Hand, und für mich war es bis vor Kurzem ein No-Go. Doch seit ich Brombeeren und Pfirsiche mit Burrata und Perl-Couscous probiert habe, bin ich eines Besseren belehrt.

Mein Extratipp

UNFASSBAR GUT AUCH MIT EINEM STÜCK GEGRILLTEN FISCH!

Wassermelonensalat

MIT RADIESCHEN UND ZIEGENKÄSE

Wenn ich im Urlaub in Marokko bin, gehört das tägliche Stück Wassermelone einfach dazu. Aber es macht auch Spaß, mit dieser leckeren Sommerfrucht in der Küche zu experimentieren, woraus zum Beispiel dieser Wassermelonensalat mit Radieschen und Ziegenkäse entstanden ist. Ein regelrechter Sommerhit!

FÜR 4 PERSONEN

ZUTATEN

800 g Wassermelone

4 EL Pinienkerne

Salz

½ Bund Radieschen, in hauchdünnen Scheiben

100 g Ziegenkäse

4 Zweige Minze, gewaschen, trocken getupft, Blätter abgezupft

frisch gemahlener schwarzer Pfeffer

OLIVENTAPENADE

120 g entsteinte schwarze Oliven, plus einige Olivenringe zum Garnieren

1 Knoblauchzehe, geschält, fein gehackt

½ EL flüssiger Honig

5 EL extra natives Olivenöl, plus etwas Öl zum Beträufeln (nach Belieben)

3 EL Weißweinessig

Salz und frisch gemahlener schwarzer Pfeffer

AUSSERDEM

1 runder Ausstecher

1 Küchenmaschine

1 Pfanne

ZUBEREITUNGSZEIT
15–20 Minuten

VORBEREITUNG

1 Die Wassermelone schälen und so gut wie möglich entkernen. Mit einem großen scharfen Messer in sehr dünne Scheiben schneiden oder mit einem runden Ausstecher Kreise ausstechen.

ZUBEREITUNG

2 Für die Oliventapenade die Oliven, den Knoblauch, den Honig, das Olivenöl und den Weißweinessig in eine Küchenmaschine geben. Mit Salz und Pfeffer würzen.

3 Die Pinienkerne in einer Pfanne ohne Fettzugabe goldbraun rösten (Achtung: Das geht sehr schnell!). Aus der Pfanne nehmen und mit etwas Salz bestreuen.

4 Die Melonenscheiben auf 4 Tellern verteilen, mit den Radieschen belegen und den Ziegenkäse darauf zerkrümeln.

5 Oliventapenade klecksartig auf dem Salat verteilen, anschließend Olivenringe, Minzeblättchen und Pinienkerne daraufgeben. Zum Schluss mit etwas Pfeffer bestreuen und eventuell noch mit etwas Olivenöl beträufeln.

TIPPS

- Richtig kalt schmecken Melonen am besten!
- Für einen exotischeren Geschmack kannst du die Scheiben auch in Orangenblütenwasser marinieren.

Fenchel-Zucchini-Salat

MIT PAPRIKAPESTO

FÜR 4 PERSONEN

ZUTATEN

2 gelbe Zucchini
2 grüne Zucchini
2 Fenchelknollen
50 g Mandelblätter
50 g junger Blattspinat, gewaschen, abgetropft
4 Zweige Estragon, gewaschen, trocken getupft, Blätter gehackt
1 EL essbare Blütenblätter (nach Belieben)
Salz und frisch gemahlener schwarzer Pfeffer

PAPRIKAPESTO

7 geröstete Paprika aus dem Glas, abgetropft
2 Knoblauchzehen, geschält, grob gehackt
150 g Walnüsse
1 TL Pul Biber
3 EL extra natives Olivenöl, plus etwas Öl zum Beträufeln
Salz und frisch gemahlener schwarzer Pfeffer

AUSSERDEM

1 Gemüsehobel
1 Küchenmaschine
1 Pfanne
1 Schüssel

ZUBEREITUNGSZEIT
20 Minuten

VORBEREITUNG

1 Die Enden der gelben und grünen Zucchini abschneiden. Die Zucchini waschen, trocken tupfen und auf dem Gemüsehobel der Länge nach in dünne Scheiben schneiden.

2 Die Fenchelknollen putzen (das Grün aufheben), waschen, trocken tupfen und auf dem Gemüsehobel in hauchdünne Scheiben hobeln.

ZUBEREITUNG

3 Für das Pesto die Paprika, den Knoblauch und die Walnüsse mit dem Pul Biber und dem Olivenöl in einer Küchenmaschine zu einer glatten Sauce verrühren. Mit Salz und Pfeffer abschmecken.

4 Die Mandelblätter in einer Pfanne ohne Fettzugabe rösten, bis sie Farbe bekommen (Achtung: Das geht sehr schnell!).

5 Die Zucchini mit dem Fenchel, dem Spinat und dem Estragon in eine Schüssel geben und vorsichtig vermengen. Mit Salz und Pfeffer würzen.

6 Den Salat aus der Schüssel auf einer Servierschale anrichten. Einige Kleckse Paprikapesto unterrühren und alles mit den Mandelblättern, dem Fenchelgrün und eventuell den essbaren Blütenblättern bestreuen. Zum Schluss mit Olivenöl beträufeln.

TIPP

Du willst perfekt geröstete Mandeln? Dann lege sie auf ein Backblech und röste sie 8 Minuten bei 160 °C im Backofen.

Fenchel und Estragon haben etwas gemeinsam, ohne wirklich verwandt zu sein. Was das ist? Sie schmecken beide nach Lakritze. Was zusammen mit der Süße von gegrillter Paprika einfach umwerfend ist!

Mein Extratipp

KEINE GELBEN ZUCCHINI GEFUNDEN? NUR MIT GRÜNEN GEHT ES AUCH!

Dicke-Bohnen-Salat

MIT ERBSEN UND ARTISCHOCKEN

Meine Mutter hat Dicke Bohnen immer in der Schote gekocht, und für meinen Geschmack etwas zu lang. Seit ich herausgefunden habe, dass man zwei Hautschichten entfernen kann und sie dann nur kurz blanchieren muss, weiß ich, dass die leckeren Hülsenfrüchte noch viel besser schmecken können!

ZUBEREITUNG

1 Wasser mit einer Prise Salz im Topf zum Kochen bringen und Dicke Bohnen und Erbsen darin 3 Minuten blanchieren.

2 Die Grillpfanne auf mittlerer Stufe erhitzen. Die Butter darin zerlassen und die Artischockenherzen 3 Minuten auf der Schnittfläche grillen.

3 Die Dicken Bohnen und Erbsen in ein Sieb abgießen, die Dicken Bohnen herausnehmen und die Kerne aus den Schalen drücken. Dicke Bohnen mit den Erbsen und den Artischocken in eine Schüssel geben. Mit der Artischockenbutter, Minze, Limettenschale und -saft vermischen. Mit Salz und Pfeffer abschmecken.

4 Den Bohnensalat auf einem Servierteller anrichten und Oliven, Granatapfelkerne und Mandeln daraufgeben. Nach Belieben mit Olivenöl beträufeln.

TIPP

Wenn gerade Saison ist, sind frische Artischocken eine gute Alternative.

FÜR 4 PERSONEN

ZUTATEN

Salz
450 g TK-Dicke-Bohnen
450 g TK-Erbsen
2 EL weiche Butter
390 g Artischockenherzen aus der Dose, abgetropft und halbiert
1 Bund frische Minze, gewaschen, trocken geschüttelt, gehackt
Saft und Schale von 1 Bio-Limette
frisch gemahlener schwarzer Pfeffer
100 g entsteinte schwarze Oliven, halbiert
100 g Granatapfelkerne
100 g geröstete ungeschälte Mandeln, grob gehackt
2 EL extra natives Olivenöl

AUSSERDEM

1 Topf
1 Grillpfanne
1 Sieb
1 Schüssel

ZUBEREITUNGSZEIT
15–20 Minuten

Falafel: pfiffig, einfach und »typisch arabisch«

FALAFELN SCHMECKEN SUPER, SIND LEICHT ZUZUBEREITEN UND ABSOLUT VIELSEITIG. DU KANNST ZUM BEISPIEL GEMÜSE ZUFÜGEN UND DIE FALAFELN IM OFEN BACKEN, STATT IN DER FRITTEUSE. DU BIST EIN ECHTER FALAFEL-FAN? DANN KAUF DIR EINEN PORTIONIERER: ER WIRFT DANK EINER SPRINGFEDER OPTIMALE FALAFELN AUS. EINE KLEINE INVESTITION, DIE IHR GELD ABSOLUT WERT IST!

Brokkoli-Falafeln

FÜR 16 STÜCK

ZUTATEN

250 g Kichererbsen aus der Dose, abgespült, abgetropft
200 g Brokkoli, Röschen, klein geschnitten
½ rote Zwiebel, grob gehackt
1 Knoblauchzehe, geschält, gehackt
1 Handvoll Korianderblätter
2 EL Kichererbsenmehl
¾ TL Backpulver
½ TL gemahlener Koriander
1 Prise Pul Biber
1 TL gemahlener Kreuzkümmel
Salz und frisch gemahlener schwarzer Pfeffer

AUSSERDEM

1 Backblech
Backpapier
1 Küchenmaschine

ZUBEREITUNGSZEIT
25 Minuten

BACKZEIT
20 Minuten

VORBEREITUNG

1 Den Backofen auf 220 °C (Umluft 200 °C) vorheizen. Das Backblech mit Backpapier auslegen.

ZUBEREITUNG

2 Die Kichererbsen, den Brokkolireis, die Zwiebel, den Knoblauch, die Korianderblätter, das Mehl, das Backpulver, den Koriander, den Pul Biber und den Kreuzkümmel in eine Küchenmaschine geben und mit der Pulstaste zu einer homogenen Masse pürieren. Sie muss nicht vollständig glatt zu sein: mit etwas Biss ist sie gerade gut. Mit Salz und Pfeffer würzen.

3 Die Hände leicht anfeuchten und aus der Falafelmasse 16 Bällchen formen und auf das Backblech legen. Ungefähr 20 Minuten im vorgeheizten Backofen backen. Nach etwa 12 Minuten wenden.

TIPPS

- Wenn die Falafeln im Ofen sind, kannst du mit der Falafelbowl von S. 103 loslegen.
- Wenn du Falafeln frittierst, sind sie schneller fertig und auch knuspriger. Aber die Zubereitung im Ofen ist natürlich gesünder.

Es spielt keine Rolle, wie die Bällchen aussehen, Hauptsache, sie sind mit Liebe gemacht.

Falafelbowl

MIT TAHINI-DRESSING

Auf einmal waren sie überall: die Poke Bowls. Diese Schüsseln mit Reis, Fisch und Gemüse gibt es inzwischen an fast jedem Foodtruck und vielen Take-aways. Wenn du sie mal auf etwas andere Weise essen willst, dann probiere diese Variante mit selbst gemachten Falafeln aus.

FÜR 4 PERSONEN

ZUTATEN

16 Falafeln (s. S. 102, oder fertig gekauft)

Salz

2 große Süßkartoffeln, geschält, in Streifen

2 Rote Bete, möglichst Tonda di Chioggia, in hauchdünnen Scheiben

4 EL Tahini (Sesammus)

Saft von ¾ Bio-Limette

frisch gemahlener schwarzer Pfeffer

4 Handvoll Feldsalat, gewaschen, abgetropft

200 g Dicke Bohnen aus dem Glas, abgespült, abgetropft

2 Avocados, entsteint, geschält, in Scheiben

250 g Kirschtomaten, gewaschen, halbiert

4 Mini-Salatgurken, gewaschen, in Scheiben

2 Handvoll Sprossen (nach Belieben)

4 Fladenbrote (s. S. 34, oder fertig gekauft) als Beilage

Sesam zum Garnieren

AUSSERDEM

1 Topf

ZUBEREITUNG

1 Die Falafeln nach Packungsangabe zubereiten oder die Brokkoli-Falafeln von S. 102 herstellen.

2 Wasser mit 1 Prise Salz im Topf zum Kochen bringen und die Süßkartoffeln darin 10–15 Minuten garen. In den letzten 1–2 Minuten die Rote Bete zufügen und kurz mitgaren.

3 Die Tahini mit 120 ml Wasser und Limettensaft verrühren und mit Salz und Pfeffer würzen.

4 Feldsalat, Sojabohnen, Avocado, Kirschtomaten und Salatgurke auf 4 Tellern anrichten. Die Süßkartoffeln, die Rote Bete und die Falafeln zugeben und nach Belieben mit Sprossen garnieren. Fladenbrot und Tahini-Dressing als Beilage reichen und die Bowl mit Sesam bestreuen.

TIPPS

- Du kannst jedes Gemüse der Saison verwenden, nur Tahini und Falafeln sind nicht austauschbar. Wer hat, der hat!
- Du kannst bei den Falafeln auch mal ganz andere Formen ausprobieren, es müssen nicht immer Bällchen ein.

ZUBEREITUNGSZEIT
20–30 Minuten

Kichererbsensalat

MIT LACHS UND FETASAHNE

FÜR 4 PERSONEN

ZUTATEN

Salz
6–8 Möhren, geputzt, gewaschen, in schrägen Scheiben
2 EL Butter
600 g Kichererbsen aus der Dose, abgespült, abgetropft
Salz und frisch gemahlener schwarzer Pfeffer
4 Lachsfilets mit Haut (à 160 g)
300 g Grünkohl, geputzt, gewaschen, klein geschnitten
extra natives Olivenöl zum Beträufeln

FETASAHNE
100 g saure Sahne
100 g Ricotta
100 g Feta
½ Bund glatte Petersilie, gewaschen, Blätter abgezupft, plus etwas zum Garnieren
Salz und frisch gemahlener schwarzer Pfeffer

AUSSERDEM

1 Topf
1 Küchenmaschine
1 große Pfanne
1 große Schüssel oder 4 kleine Schüsseln

ZUBEREITUNGSZEIT
25 Minuten

ZUBEREITUNG

1 Wasser mit 1 Prise Salz im Topf zum Kochen bringen und die Möhren darin 3 Minuten blanchieren. Abgießen und abtropfen lassen.

2 Für die Fetasahne die saure Sahne, den Ricotta, den Feta und die Petersilie in eine Küchenmaschine geben und gut vermengen. Mit Salz und Pfeffer würzen.

3 In der Pfanne auf mittlerer Stufe 1 EL Butter zerlassen und die Kichererbsen mit etwas Salz und Pfeffer darin 3–5 Minuten braten, bis sie Farbe angenommen haben.

4 Die Kichererbsen aus der Pfanne nehmen und die restliche Butter zerlassen. Die Lachsfilets mit der Hautseite nach unten in die Pfanne legen und möglichst nicht bewegen, bis das Filet halb durchgegart ist. Den Herd ausstellen und den Lachs auf der anderen Seite 30–60 Sekunden weitergaren. Aus der Pfanne nehmen, wenn er fast durch ist, er gart noch etwas weiter.

5 Den Grünkohl in 1 große oder 4 kleine Schüsseln geben und mit dem extra nativen Olivenöl beträufeln. Die Möhren und die Kichererbsen darauf verteilen. Mit Salz und Pfeffer bestreuen und die Lachsfilets daraufsetzen. Einen Klecks Fetasahne zugeben, mit dem Koriander garnieren und die restliche Fetasahne als Beilage reichen.

TIPP

Ich mag Lachs am liebsten, wenn er innen noch leicht roh ist.

Grünkohl nur im Eintopf? No way! Bei diesem leckeren Kichererbsensalat bildet er die Grundlage. Das klingt für dich irgendwie verrückt? Dann kann ich nur eins sagen: Probiere es – und du wirst dahinschmelzen.

Eintöpfe, Couscous & Tajines

GEMÜSE, FLEISCH ODER FISCH: ALLES WAS IN EINEN EINTOPF ODER EINE TAJINE KOMMT, SOLLTE GESCHMACK BRINGEN!

Tajine MIT WÜRSTCHEN

(s. S. 110)

Mein Extratipp

DIESE VIER TAJINES MIT FLEISCH, GEFLÜGEL, HALLOUMI UND FISCH STEHEN IN 30 MINUTEN AUF DEM TISCH!

Tajine MIT HALLOUMI

(s. S. 112)

Tajine
MIT HÄHNCHEN

(s. S. 111)

Tajine
MIT FISCH UND GARNELEN

(s. S. 113)

Tajine mit Würstchen

FÜR 4 PERSONEN

ZUTATEN

50 ml Olivenöl
4 Rindswürstchen
1 Zucchini, gewaschen, in Stückchen
4 Minipaprikas, entkernt, gewaschen, längs halbiert
200 ml Tomatensauce oder passierte Tomaten
Salz und frisch gemahlener schwarzer Pfeffer
8 Stängel Blattsellerie, gewaschen, trocken getupft, Blätter grob gehackt

AUSSERDEM

1 Tajine oder 1 hoher Topf (z. B. aus Gusseisen)
1 Hitzeverteiler (nach Belieben)

ZUBEREITUNGSZEIT
20 Minuten

Tajine mal ganz schnell: Mit nur acht Zutaten zauberst du ein Wahnsinnsessen auf den Tisch. Wenn du das einmal gemacht hast, wirst du nie mehr verstehen, warum man eine Tajine vier Stunden lang köcheln lassen sollte ...

VORBEREITUNG

1 Die Tajine oder den Topf auf niedriger Stufe erhitzen, eventuell auf einem Hitzeverteiler.

ZUBEREITUNG

2 Das Olivenöl in der Tajine/im Topf erhitzen und die Würstchen darin ungefähr 5 Minuten auf mittlerer Stufe goldbraun braten.

3 Die Zucchini und die Paprika zufügen und etwa 1 Minute mitbraten.

4 Alles mit der Tomatensauce oder den passierten Tomaten ablöschen und zum Kochen bringen. Die Tajine/den Topf abdecken und 5 Minuten auf niedriger Stufe köcheln lassen.

5 Mit Salz und Pfeffer würzen und mit dem Blattsellerie garnieren.

TIPP

Du hast mehr Zeit? Dann stelle die Tomatensauce mit deinen Lieblingskräutern und -gewürzen selbst her.

Tajine mit Huhn

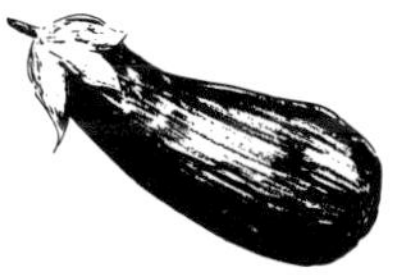

Trockenfrüchte und Huhn passen großartig zusammen. In nur einer halben Stunde geben die getrockneten Aprikosen und Pflaumen jede Menge Geschmack ab. Zusammen mit der faserigen Struktur des Hähnchens und dem gerösteten Sesam machen sie das Gericht zu einem echten Geschmackserlebnis!

FÜR 4 PERSONEN

ZUTATEN

12 entsteinte getrocknete Aprikosen

8 entsteinte getrocknete Pflaumen

50 ml Olivenöl

500 g Hähnchenkeulen- oder Hähnchenbrustfilet, gewürfelt

1 Aubergine, geschält, gewürfelt

200 ml Tomatensauce

Salz und frisch gemahlener schwarzer Pfeffer

4 Zweige Minze, gewaschen, trocken getupft, Blätter abgezupft

1 EL gerösteter Sesam

AUSSERDEM

1 Schüssel

1 Tajine oder 1 hoher Topf (z. B. aus Gusseisen)

1 Hitzeverteiler (nach Belieben)

VORBEREITUNG

1 Die Aprikosen und die Pflaumen in einer großen Schüssel mit heißem Wasser quellen lassen.

2 Eine Tajine oder einen Topf auf niedriger Stufe erhitzen, eventuell auf einem Hitzeverteiler.

ZUBEREITUNG

3 Das Olivenöl in der Tajine/im Topf erhitzen und das Hähnchen und die Aubergine ungefähr 5 Minuten auf mittlerer Stufe goldbraun anbraten.

4 Alles mit der Tomatensauce ablöschen und zum Kochen bringen. Die Aprikosen und die Pflaumen zufügen. Die Tajine zugedeckt 5 Minuten lang auf mittlerer Stufe köcheln lassen.

5 Mit Salz und Pfeffer würzen und mit der Minze und dem Sesam garnieren.

TIPP

Dieses Rezept kannst du auch gut mit Zucchini, Fenchel und/oder Knollensellerie variieren.

ZUBEREITUNGSZEIT
20 Minuten

Tajine mit Halloumi

Der Grillkäse Halloumi enthält viel Eiweiß, hat aber selbst nicht viel Geschmack. Nimm daher leckere Gewürze und Zutaten, die viel Geschmack geben, und mach damit etwas Besonderes aus ihm! Ich habe zum Beispiel Granatapfelkerne gewählt – eine echte Entdeckung in der großen Welt der vegetarischen Tajines!

FÜR 4 PERSONEN

ZUTATEN

2 EL Olivenöl

4 Halloumi (à 250 g), abgetropft, in 8 Scheiben

400 g Kichererbsen aus der Dose, abgespült, abgetropft

4 geröstete Paprika aus dem Glas, abgetropft, in Ringen

400 ml Tomatensauce

Salz und frisch gemahlener schwarzer Pfeffer

50 g Granatapfelkerne

4 Zweige Koriander, gewaschen, trocken getupft, Blätter abgezupft

AUSSERDEM

1 Tajine oder 1 hoher Topf (z. B. aus Gusseisen)

1 Hitzeverteiler (nach Belieben)

ZUBEREITUNGSZEIT
20 Minuten

VORBEREITUNG

1 Eine Tajine oder einen Topf auf niedriger Stufe erhitzen, eventuell auf einem Hitzeverteiler.

ZUBEREITUNG

2 Das Olivenöl in der Tajine/im Topf erhitzen und den Halloumi auf mittlerer Stufe von beiden Seiten in ungefähr 6 Minuten goldbraun backen. Den Halloumi herausnehmen und warm halten.

3 Die Kichererbsen und die Paprika in die Tajine oder den Topf geben und mit der Tomatensauce ablöschen. Zum Kochen bringen, die Tajine/den Topf zudecken und 3 Minuten auf niedriger Stufe köcheln lassen.

4 Den Halloumi auf dem Gemüse verteilen, das Ganze erneut zum Kochen bringen und weitere 4 Minuten sanft köcheln.

5 Mit Salz und Pfeffer würzen und mit den Granatapfelkernen und den Korianderblättern garnieren.

TIPP

Manchmal bereite ich die Tajine im Ofen oder auf dem Grill zu. Das geht mit dieser Variante auch sehr gut.

Tajine mit Fisch und Garnelen

Die Süßkartoffeln brauchen bei diesem Gericht am längsten, aber auch nur 10 Minuten. Du willst noch schneller zu Tisch? Dann koch die Süßkartoffeln 4 Minuten, statt sie von beiden Seiten anzubraten.

FÜR 4 PERSONEN

ZUTATEN

400 g Kabeljaufilet, in gleich großen Stücken

2 TL Ras el Hanout

2 EL Olivenöl

1 große Süßkartoffel, geschält, in dünnen Scheiben

400 ml Tomatensauce

50 g Nordseekrabben

100 g TK-Erbsen

Salz und frisch gemahlener schwarzer Pfeffer

4 Zweige Dill, gewaschen, trocken getupft, Spitzen abgezupft

AUSSERDEM

1 Tajine oder 1 hoher Topf (z. B. aus Gusseisen)

1 Hitzeverteiler (nach Belieben)

1 Schüssel

ZUBEREITUNG
25 Minuten

VORBEREITUNG

1 Eine Tajine oder einen Topf auf niedriger Stufe vorwärmen, eventuell auf einem Hitzeverteiler.

2 Den Kabeljau in eine Schüssel geben und mit dem Ras el Hanout vermischen.

ZUBEREITUNG

3 Das Olivenöl in der Tajine/im Topf erhitzen und die Süßkartoffelscheiben etwa 4 Minuten von jeder Seite bei mittlerer Stufe goldbraun anbraten.

4 Den Kabeljau in die Tajine/den Topf geben, mit Tomatensauce ablöschen und zum Kochen bringen. Anschließend zugedeckt 3 Minuten sanft köcheln lassen.

5 Die Krabben und die Erbsen in die Tajine/den Topf geben und alles wieder zum Kochen bringen. Auf niedriger Stufe 2 Minuten köcheln lassen.

6 Mit Salz und Pfeffer würzen. Zum Abschluss mit Dill garnieren.

TIPP

Schneide die Süßkartoffeln in nicht allzu dünne Scheiben, sonst werden sie schnell matschig und haben keinen richtigen Biss.

Mediterrane Muscheln

FÜR 4 PERSONEN

ZUTATEN

2 kg Miesmuscheln, mit Schalen

½ Bund glatte Petersilie, gewaschen, trocken geschüttelt

1 EL Olivenöl

2 rote Zwiebeln, fein gehackt

1 Chilischote, entkernt, in Ringen

2 Zweige Oregano, gewaschen, trocken getupft, Blätter gehackt

3 TL Fenchelgewürz

2 TL Ras el Hanout (Gewürzmischung)

600 g geschälte Tomaten aus der Dose

Salz und frisch gemahlener schwarzer Pfeffer

ca. 60 ml Fischfond

400 g TK-Gemüsemix

2 Bio-Limetten, in Stücken oder halbiert (als Beilage)

AUSSERDEM

1 große Pfanne mit Deckel (oder 2 Pfannen)

ZUBEREITUNGSZEIT
30 Minuten

VORBEREITUNG

1 Die Muscheln unter fließend kaltem Wasser säubern. Wasser ins Spülbecken einlassen und die Muscheln 10 Minuten darin ruhen lassen. Anschließend kaputte und geöffnete Exemplare entsorgen.

2 Den größten Teil der Petersilie fein hacken. Einige Blätter zum Garnieren beiseitelegen.

ZUBEREITUNG

3 Die große Pfanne für die Muscheln vorwärmen. Das Olivenöl auf mittlerer Stufe darin erhitzen und die Zwiebeln 1–2 Minuten anschwitzen. Die Chilischote zufügen und 2 Minuten mitdünsten.

4 Den Oregano, das Fenchelgewürz, das Ras el Hanout und die geschälten Tomaten zugeben. Zum Kochen bringen und 3–4 Minuten sanft köcheln lassen. Mit Salz und Pfeffer würzen.

5 Mit dem Fischfond ablöschen und alles noch einmal zum Kochen bringen. Die Muscheln zufügen. Wenn die Sauce zu dick wird, einen Schuss Wasser oder zusätzlichen Fischfond zugeben. Die Muscheln zugedeckt 5–6 Minuten köcheln. Nach 2 ½ Minuten den Gemüse-Mix und die gehackte Petersilie zugeben und vorsichtig unterheben.

6 Die Muscheln in der Pfanne oder in einer großen Schale servieren und mit der restlichen Petersilie bestreuen. Die Limettenstückchen zum Ausdrücken dazugeben.

TIPPS

- Als Beilage sind selbst gemachte Pommes und frischer Salat für mich ein Muss.
- Mit Kräutern und Gewürzen lässt sich hier gut experimentieren. Nimm erst ganz wenig und gib dann nach und nach mehr dazu!

Gekochte Muscheln werden oft mit Wein zubereitet. Wenn du eine köstliche Variante ohne Alkohol suchst, dann probiere doch einmal diese Muscheln nach Mittelmeerart.

Mein Extratipp

MIT FLADENBROT LÄSST SICH DIE TOMATENSAUCE GUT DIPPEN. LECKER!

Mein Extratipp

SCHMECKT BESONDERS GUT MIT FLADENBROT UND JOGHURT-DRESSING!

Grüne Schakschuka

MIT SUCUK

Shakshuka ist ein tolles Pfannengericht, obwohl es eigentlich aus nichts mehr besteht als aus Eiern und würziger Tomatensauce. Hier kommt die originelle Variante: meine grüne Version.

VORBEREITUNG

1 Mit einem Spiralschneider aus der Zucchini Spaghetti-Spiralen schneiden.

2 Den Kümmel und den Kreuzkümmel 1 Minute in einer Pfanne ohne Öl rösten. In den Mörser geben und mit etwas Salz und Pfeffer zerstoßen.

ZUBEREITUNG

3 Die Pfanne noch einmal vorwärmen und das Olivenöl erhitzen. Die Sucuk darin 2 Minuten auf niedriger Stufe anbraten. Die Zwiebel und den Knoblauch zufügen und 2–3 Minuten mitdünsten.

4 Den Spargel, den Brokkolini und die Gewürzmischung zufügen und 2 Minuten mitdünsten. Die Zucchinispiralen, den Spinat und den Limettensaft hinzufügen und so lange rühren, bis der Spinat um die Hälfte geschrumpft ist. Wenn das Ganze zu trocken wird, eventuell etwas Wasser zugeben.

5 In die Gemüse-Sucuk-Masse 4 Mulden drücken, die Eier aufschlagen und je eines hineingeben. Etwa 10 Minuten im zugedeckten Topf auf niedriger Stufe garen lassen, bis die Eier gestockt sind.

6 Zum Schluss mit der Petersilie bestreuen.

TIPPS

- Du hast keinen Spiralschneider? Dann kaufe die Zucchininudeln (»Zoodles«) fertig abgepackt. Da sie oft etwas dünner sind, dünstest du sie etwas kürzer mit.
- Natürlich kannst du diese Shakshuka auch vegetarisch zubereiten. Lass einfach die Sucuk weg und nimm Fleischersatz oder mehr Gemüse.

FÜR 4 PERSONEN

ZUTATEN

1 große Zucchini, geputzt, gewaschen

1 TL Kümmel

1 TL gemahlener Kreuzkümmel

Salz und frisch gemahlener schwarzer Pfeffer

2 EL Olivenöl

150 g Sucuk, grob zerschnitten

1 Zwiebel, geschält, fein gehackt

1 Knoblauchzehe, geschält, fein gehackt

150 g grüner Spargel, ohne holzige Enden, in Stückchen (je 3 cm)

150 g Brokkolini, gewaschen

200 g Blattspinat

Saft von 1 Bio-Limette

4 Eier

1 Handvoll glatte Petersilienblätter, gewaschen (zum Garnieren)

AUSSERDEM

1 Spiralschneider

1 Mörser

1 große Pfanne mit Deckel

ZUBEREITUNGSZEIT
30 Minuten

Couscous
MIT ROTE BETE UND BROKKOLINI
(s. S. 123)

Couscous
MIT HÄHNCHEN
(s. S. 122)

Couscous
MIT LENDENSTEAK VOM RIND
(s. S. 124)

Couscous
MIT KABELJAU
(s. S. 125)

Couscous-Quartett

ALLE VARIANTEN AUF DEN NÄCHSTEN SEITEN HABEN IHREN GANZ EIGENEN GESCHMACK. DU WIRST NICHT MAL MERKEN, DASS DU VIERMAL DAS GRUNDREZEPT FÜR COUSCOUS VERWENDET HAST!

Kräutercouscous-Grundrezept

Traditionell wird Coucscous mehrfach gedämpft, ist dann aber nicht in 30 Minuten fertig. Dieses Kräutercouscous-Grundrezept ist die schnelle Variante.

VORBEREITUNG

1 Für den Couscous nach Packungsangabe Wasser aufkochen und den Brühwürfel darin auflösen.

ZUBEREITUNG

2 Den Koriander, die Minze, die Chilischote, den Limettensaft und die -schale in eine Küchenmaschine geben. Mit Salz und Pfeffer würzen, 50 ml Wasser zufügen und alles fein pürieren.

3 Den Couscous nach Packungsangabe garen, allerdings statt in Wasser in der Brühe (50 ml weniger als auf der Verpackung steht). Wenn also 300 ml Wasser angegeben sind, ersetzt du es durch 250 ml Gemüsebrühe.

4 Den Kräuter-Chili-Limetten-Mix unter den Couscous rühren.

TIPPS

- Du magst keinen Koriander? Glatte Petersilie passt auch gut.
- Bei dir ist die Zeit immer knapp? Dann bereite gleich die doppelte Menge Couscous zu. Du kannst sie drei Tage im Kühlschrank aufbewahren oder maximal einen Monat einfrieren.

FÜR 4 PERSONEN

ZUTATEN

1 Würfel Gemüsebrühe

5 Zweige Koriander, gewaschen, trocken getupft, Blätter abgezupft

8 Zweige Minze, gewaschen, trocken getupft, Blätter abgezupft

1 Chilischote, entkernt, grob gehackt

Saft von 2 Bio-Limetten, Schale von 1 Bio-Limette

Salz und frisch gemahlener schwarzer Pfeffer

300 g Couscous

AUSSERDEM

1 Topf

1 Küchenmaschine

ZUBEREITUNGSZEIT
10–15 Minuten

Kräutercouscous mit Huhn

FÜR 4 PERSONEN

ZUTATEN

1 EL weißer Sesam
2 EL Harissa (Würzpaste)
1 EL Olivenöl
120 g griechischer Joghurt
1 ½ EL Tahini (Sesammus)
Schale von 1 Bio-Limette
Salz und frisch gemahlener schwarzer Pfeffer
300 g Kräutercouscous (s. Rezept S. 121)
4 Hähnchenbrustfilets (à 125 g)
450 g grüner Spargel, gewaschen, ohne holzige Enden, dicke Stangen evtl. längs halbiert
4 Zweige glatte Petersilie, gewaschen, trocken getupft, Blätter grob gehackt

AUSSERDEM

12–16 Spieße aus Holz oder Metall
1 Pfanne
1 Topf
1 Backpinsel
1 Grillpfanne

ZUBEREITUNGSZEIT
30 Minuten

VORBEREITUNG

1 Die Holzspieße (sofern verwendet) 5 Minuten in kaltem Wasser einweichen.

2 Den Sesam 1 Minute in einer Pfanne ohne Öl anrösten.

3 Die Harissa und das Olivenöl verrühren.

4 Den Joghurt mit der Tahini und der Limettenschale verrühren. Mit Salz und Pfeffer abschmecken.

ZUBEREITUNG

5 Kräutercouscous nach Rezept auf S. 121 zubereiten.

6 Die Hähnchenfilets etwas flacher klopfen und mit Harissa-Öl bestreichen. Jedes Filet in 2–4 Stücke schneiden und jeweils mit einem Spieß versehen.

7 Die Grillpfanne erhitzen und den Spargel darin bissfest grillen. Aus der Pfanne nehmen und beiseitelegen.

8 Die Fleischspieße in die heiße Grillpfanne legen und etwa 10 Minuten goldbraun braten. Regelmäßig wenden.

9 Den Couscous zusammen mit dem Spargel, den Hähnchenspießen und dem Joghurtdressing servieren. Zum Schluss mit Sesam und Petersilie bestreuen.

TIPP

Du kannst die Hähnchenspieße auch auf dem Grill garen.

Es ist eine der ältesten Liebesgeschichten der marokkanischen Küche: Couscous und Huhn. Ein gegrillter Hähnchenspieß mit Harissa ist einfach nur megalecker!

Kräutercouscous mit Roter Bete und Brokkolini

Viel leckeres Gemüse, herrliche Aromen und verschiedene Texturen sorgen dafür, dass dieses Rezept nie langweilig wird!

FÜR 4 PERSONEN

ZUTATEN

200 g junger Blattspinat, gewaschen, abgetropft

4 EL Labneh (arabischer Frischkäse) oder türkischer Joghurt

4 TL Harissa (Gewürzpaste)

300 g Kräutercouscous (s. Rezept S. 121)

Salz

200 g Brokkolini

2 Avocados, halbiert, geschält, entsteint

200 g grüne Linsen aus der Dose, abgespült, abgetropft

80 g Feta, zerkrümelt

4 Rote Bete, gekocht, geschält, in Stücken

2 Bio-Orangen, geschält, in 1 cm dicken Spalten

2 EL Sonnenblumenkerne

1 EL Minzblätterspitzen, gewaschen, trocken getupft

extra natives Olivenöl zum Beträufeln

AUSSERDEM

1 Topf

1 Grillpfanne

1 Schüssel

ZUBEREITUNGSZEIT
30 Minuten

VORBEREITUNG

1 Den Spinat grob hacken.

2 Das Labneh mit der Harissa mischen.

ZUBEREITUNG

3 Den Couscous nach Rezept auf S. 121 zubereiten.

4 Wasser mit 1 Prise Salz im Topf zum Kochen bringen und den Brokkolini in 4–5 Minuten bissfest garen. Abgießen.

5 Die Grillpfanne vorheizen und die Avocadohälften mit der Schnittfläche nach unten 3–4 Minuten rösten, bis sie schöne Grillstreifen haben.

6 Couscous, Linsen und Spinat in einer Schüssel mischen und die Mischung auf 4 Teller verteilen. Darauf den Brokkolini, den Feta, die Rote Bete und die Orangenspalten legen.

7 In die Mitte jeweils eine Avocadohälfte geben, 1 EL Harissa-Labneh daraufgeben und mit Sonnenblumenkernen bestreuen. Mit Minze garnieren und nach Wunsch mit extra nativem Olivenöl beträufeln.

TIPP

Es ist gerade Blutorangenzeit? Dann hol dir eine! Sie zaubern noch mehr Farbe auf den Teller.

Kräutercouscous mit Lendensteak vom Rind

Ich esse gern süß, und zwar nicht nur beim Nachtisch. Durch die Kombination aus saurer Zitrone, gegrilltem Lendensteak vom Rind und Honigpistazien schmeckt dieses Gericht nahezu himmlisch!

FÜR 4 PERSONEN

ZUTATEN

400–500 g Lendensteak vom Rind, ohne Fett und Fasern

Salz und frisch gemahlener schwarzer Pfeffer

300 g Kräutercouscous (s. Rezept S. 121)

Schale von 1 eingelegten Zitrone oder Bio-Zitrone, fein gehackt

1–2 EL Olivenöl

1 EL flüssiger Honig

40 g Pistazien, grob gehackt

400 g Augenbohnen aus der Dose, abgespült und abgetropft

2 Mini-Romanasalate, gewaschen, trocken geschüttelt, in schmalen Streifen

4 Tomaten, gewaschen, entkernt, fein gewürfelt

4 Frühlingszwiebeln, in schrägen Ringen

AUSSERDEM

1 Topf

1 große Pfanne

Alufolie

ZUBEREITUNGSZEIT
25 Minuten

VORBEREITUNG

1 Die Lendensteaks mit Salz und Pfeffer bestreuen.

ZUBEREITUNG

2 Den Couscous laut Rezept auf S. 121 zubereiten und die eingelegte Zitronenschale zufügen.

3 Das Olivenöl bei mittlerer Hitze in der Pfanne erhitzen und die Lendensteaks von beiden Seiten goldbraun bis zur gewünschten Garstufe braten. Das Fleisch aus der Pfanne nehmen und 5 Minuten unter Alufolie ruhen lassen.

4 In derselben Pfanne den Honig mit den Pistazien 1 Minute erhitzen. Aus der Pfanne nehmen und beiseitestellen.

5 Die Bratflüssigkeit in eine Schale geben, die Pfanne reinigen und die Augenbohnen darin 2 Minuten erhitzen, bis sie lauwarm sind. Mit Couscous, Mini-Romana und Tomaten mischen.

6 Die Rindersteaks in etwa 1 cm dicke Scheiben schneiden. Das Couscous-Bohnen-Gemisch auf 4 Teller verteilen und die Steakscheiben darauf anrichten. Mit Bratflüssigkeit beträufeln und mit Frühlingszwiebeln und Pistazien bestreuen.

Kräutercouscous mit Kabeljau

Fisch kombiniert mit etwas Säuerlichem, das passt perfekt. Bei diesem Gericht liefern die Artischockenherzen die Säure. Hättest du das gedacht?

VORBEREITUNG

1 Die Kabeljaufilets mit 4 EL Harissa bestreichen.

2 Die Schale und den Saft von ½ Limette und restlichen 1 EL Harissa mit dem griechischen Joghurt verrühren.

ZUBEREITUNG

3 Den Couscous nach Rezept auf S. 121 zubereiten.

4 Das Olivenöl bei mittlerer Stufe in der Pfanne erhitzen und die Zwiebel, den Knoblauch und die braunen Champignons 2–3 Minuten darin anschwitzen.

5 Die Kirschtomaten und die Artischockenherzen zufügen und mit Salz und Pfeffer würzen. Vorsichtig umrühren.

6 Die Kabeljaufilets auf das Gemüse legen. Erst den restlichen Limettensaft und die Limettenschale, dann 125 ml Wasser zugeben. 5–7 Minuten mit Deckel sanft köcheln lassen, bis der Fisch gar ist. Falls er zu trocken wird, etwas mehr Wasser zugeben.

7 Das Couscous mit Gemüse und Kabeljau anrichten. Den Harissajoghurt auf den Fisch geben und mit Salz und Pfeffer bestreuen. Mit der Petersilie garnieren und mit Olivenöl beträufeln.

TIPP

Frische Artischocken passen natürlich auch perfekt! Serviere das Gericht dann mit Zitronen- oder Limettenscheiben.

FÜR 4 PERSONEN

ZUTATEN

4 Kabeljaufilets (à 160 g)
5 EL Harissa (Würzpaste)
Saft und Schale von 1 Bio-Limette
100 g griechischer Joghurt
300 g Kräutercouscous (s. Rezept S. 121)
1 EL Olivenöl
1 große Zwiebel, geschält, fein gehackt
3 Knoblauchzehen, geschält, fein gehackt
200 g braune Champignons, geputzt, klein geschnitten
500 g Kirschtomaten, gewaschen, halbiert
780 g Artischockenherzen aus der Dose, abgetropft, halbiert
Salz und frisch gemahlener schwarzer Pfeffer
4 Zweige glatte Petersilie, gewaschen, trocken getupft, Blätter abgezupft
extra natives Olivenöl zum Beträufeln

AUSSERDEM

1 Backpinsel
1 Topf
1 große Pfanne mit Deckel

ZUBEREITUNGSZEIT
25 Minuten

Ratatouille

MIT RÄUCHERAAL

FÜR 4 PERSONEN

ZUTATEN

50 ml Olivenöl

1 Aubergine, gewaschen, längs halbiert, in 1 cm dicken Scheiben

1 rote Zwiebel, geschält, in halben Ringen

2 Knoblauchzehen, geschält, in Scheiben

2 Zucchini, gewaschen, längs halbiert, in 1 cm dicken Scheiben

8 Zweige Koriander, gewaschen, trocken geschüttelt, gehackt (auch Stiele), plus ein paar Blätter zum Garnieren

2 Räucheraalfilets, in Stücken

2 EL Ras el Hanout

1 EL Harissa (Würzpaste)

400 g gehackte Tomaten aus der Dose

AUSSERDEM

1 große Pfanne mit dickem Boden und Deckel

ZUBEREITUNGSZEIT
25 Minuten

Auberginen sind zwar ein großartiges Gemüse, aber eines, für das man eine Gebrauchsanweisung braucht. Wer weiß, welche Möglichkeiten Auberginen bieten, kann mit ihnen die verrücktesten Gerichte kreieren! So wie hier: Mit zehn Zutaten bringst du ein fantastisches Essen auf den Tisch.

ZUBEREITUNG

1 Das Olivenöl in der großen Pfanne mit dickem Boden erhitzen.

2 Die Aubergine, die Zwiebel und den Knoblauch etwa 4 Minuten auf mittlerer Stufe goldbraun andünsten.

3 Die Zucchini zufügen und das Ganze 4 Minuten auf hoher Stufe weiterbraten.

4 Jetzt den Koriander, den Aal, Ras el Hanout und Harissa zufügen. Zutaten vorsichtig verrühren.

5 Mit den gehackten Tomaten und dem Saft ablöschen. Mit Deckel aufkochen und 4 Minuten köcheln lassen. Mit Korianderblättern garnieren.

TIPP

Kennst du den Film »Ratatouille«? Ein absolutes Must, wenn du mich fragst. Wenn du Zeit hast, dann bereite das Gericht doch mal so zu wie im Film ...

Mein Extratipp

WENN DIE LOUBIA ETWAS BISS HAT, SCHMECKT SIE BESONDERS GUT. GIB DAFÜR EINFACH HARISSA DAZU!

Blitzschnelle Loubia

Loubia ist das arabische Wort für Bohne. Dieser wärmende Bohneneintopf mit Tomatensauce ist ein echter Everybody's Darling. Wahrscheinlich kennst du das Rezept mit Endiviensalat, ich aber überrasche dich dieses Mal mit Pak Choi. Wetten, es schmeckt dir?

FÜR 4 PERSONEN

ZUTATEN

400 g weiße Bohnen aus der Dose

50 ml Olivenöl

2 Knoblauchzehen, geschält, in Scheiben

2 TL Paprikapulver

2 TL gemahlener Kreuzkümmel

300 g passierte Tomaten

1 Pak Choi, gewaschen, Stiele und Blätter in dünnen Streifen

6 Zweige Koriander, gewaschen, trocken geschüttelt, Blätter abgezupft

AUSSERDEM

1 Schmorpfanne mit Deckel

VORBEREITUNG

1 Die weißen Bohnen abgießen, die Flüssigkeit auffangen und die Bohnen mit kaltem Wasser abspülen und abtropfen lassen.

ZUBEREITUNG

2 Das Olivenöl in der Schmorpfanne erhitzen und den Knoblauch, das Paprikapulver und den Kreuzkümmel 1 Minute darin anschwitzen.

3 Alles mit den passierten Tomaten und etwas Bohnenflüssigkeit ablöschen und zum Kochen bringen.

4 Die weißen Bohnen und den Pak Choi zufügen und gut umrühren. Mit Deckel zum Kochen bringen und anschließend 10 Minuten auf niedriger Stufe köcheln lassen.

5 Vom Herd nehmen und mit dem Koriander garnieren.

TIPP

Die Bohnenflüssigkeit aus der Dose sorgt dafür, dass die Loubia etwas dicker wird.

ZUBEREITUNGSZEIT
15 Minuten

Auberginen-»Pizza«

MIT HÄHNCHENRAGOUT

FÜR 4 PERSONEN

ZUTATEN

2 Auberginen, gewaschen, längs in 3 cm dicke Scheiben geschnitten
Salz
400 g Hähnchenfilet, in Stücken
1 EL Ras el Hanout
50 g Mehl
Olivenöl zum Anbraten
2 EL Zatar (Gewürzmischung)
100 g Butter
100 g Champignons, geputzt, in Stückchen
1 rote Zwiebel, geschält, in halben Ringen
200 ml Kochsahne
1 EL Sumach
8 Zweige Blattsellerie, gewaschen, trocken geschüttelt, Blätter gehackt
40 g Mandelblättchen, geröstet

AUSSERDEM

1 Pfanne
Küchenpapier

ZUBEREITUNGSZEIT
25 Minuten

VORBEREITUNG

1 Die Auberginenscheiben leicht kreuzweise einschneiden und mit etwas Salz bestreuen.

2 Die Pfanne auf mittlerer Stufe vorheizen.

3 Die Auberginenscheiben nach 5 Minuten Ziehzeit mit Küchenpapier trocken tupfen.

4 Das Hähnchen mit dem Ras el Hanout und dem Mehl bestreuen und mit Salz würzen.

ZUBEREITUNG

5 Das Olivenöl in der Pfanne erhitzen und die Auberginenscheiben auf hoher Stufe 2 Minuten von jeder Seite goldbraun anbraten. Anschließend auf einen Teller geben und sofort mit Zatar bestreuen.

6 In derselben Pfanne die Butter zerlassen und das Hähnchen bei hoher Temperatur in 3 Minuten goldbraun braten. Die Champignons und die Zwiebel zufügen und 3 Minuten bei hoher Temperatur mitdünsten.

7 Alles mit der Kochsahne ablöschen und zum Kochen bringen. Das Ragout mit dem Sumach und dem Blattsellerie abschmecken und auf den Auberginen verteilen.

8 Mit den Mandelblättchen garnieren.

TIPP

Die eingekerbten Auberginenscheiben werden mit Salz bestreut, um ihnen Feuchtigkeit zu entziehen. Dadurch werden sie schneller gar.

Klassischerweise wird das Ragout in Blätterteigtaschen gefüllt, hier nutzen wir es als Topping für eine Auberginen-»Pizza«.

Aus dem Backofen

OFENGERICHTE BRAUCHEN EWIG?
FALSCH GEDACHT! DANK DER HITZE
IM OFEN IST DEIN GERICHT IN
NULLKOMMANICHTS KNUSPRIG ODER GAR.

Gefülltes türkisches Fladenbrot

Als Beilage zu einer marokkanischen Tajine esse ich fast immer typisch marokkanisches Brot. Und wenn ich keine Zeit zum Backen habe, nehme ich türkisches Fladenbrot aus dem Supermarkt. Für dieses Gericht habe ich mir etwas Neues einfallen lassen: Ich fülle das Fladenbrot mit einer Gemüsemischung aus der Tajine. Bist du dabei?

FÜR 3–4 PERSONEN

ZUTATEN

1 Fladenbrot
1 EL Olivenöl
1 rote Zwiebel, geschält, fein gehackt
2 Knoblauchzehen, geschält, fein gehackt
750 g Spinat, gewaschen, abgetropft
Salz und frisch gemahlener schwarzer Pfeffer
200 g TK-Erbsen, aufgetaut
250 g Feta oder Ziegenkäse
3–4 EL Haselnusskerne, grob gehackt
1 EL flüssiger Honig

AUSSERDEM

1 tiefe Pfanne oder 1 Wok
1 Sieb
1 Schüssel
1 Ofenrost

ZUBEREITUNGSZEIT
20 Minuten

BACKZEIT
8–10 Minuten

VORBEREITUNG

1 Den Ofen auf 200 °C (Umluft 180 °C) vorheizen.

2 Vom Fladenbrot vorsichtig einen Deckel abschneiden und das Brot aushöhlen.

ZUBEREITUNG

3 Das Olivenöl in der tiefen Pfanne oder dem Wok bei mittlerer Stufe erhitzen und die Zwiebel und den Knoblauch 3–4 Minuten darin anschwitzen.

4 Den Spinat und jeweils 1 Prise Salz und Pfeffer zugeben. Umrühren und weitergaren, bis der Spinat in sich zusammenfällt. Wenn die Pfanne nicht groß genug für den gesamten Spinat ist, kann er nach und nach zugegeben werden.

5 Den Spinat in ein Sieb geben und die Feuchtigkeit gründlich ausdrücken, sonst wird das Brot später matschig.

6 Den Spinat mit den Erbsen und dem Feta oder Ziegenkäse in eine Schüssel füllen.

7 Das Fladenbrot mit der Spinat-Käse-Masse füllen. Mit den Haselnusskernen bestreuen und dem Honig beträufeln und das Ganze 8–10 Minuten auf dem Rost im vorgeheizten Backofen backen.

TIPP

Wie wäre es mit kleinen Fladenbroten? Dann bekommt jeder ein eigenes gefülltes Brot.

Mein Extratipp

NIMM AUCH MAL KRABBEN, MUSCHELN, HACKFLEISCH ODER HÄHNCHENBRUST ALS FÜLLUNG.

Kürbispastilla

MIT FETA

Sie ist das Herzstück der marokkanischen Küche: Die Pastilla. Probiere doch mal meine vegetarische Version mit Kürbis und Feta! Sie braucht sich vor der berühmten Hähnchen-Pastilla nicht zu verstecken!

VORBEREITUNG

1 Den Backofen auf 190 °C (Umluft 170 °C) vorheizen und das Backblech mit Backpapier auslegen.

ZUBEREITUNG

2 Wasser und 1 Prise Salz im Topf zum Kochen bringen und den Kürbis darin etwa 8 Minuten bissfest garen. Abgießen.

3 Die Pfanne auf niedriger Stufe vorwärmen, 1 Schuss Olivenöl hineingeben und die Zwiebeln darin in wenigen Minuten glasig dünsten. Den Knoblauch und das Fenchelgewürz zugeben und 1 Minute mitdünsten.

4 Mit Salz und Pfeffer abschmecken und mit dem Ingwersirup ablöschen. Den Kürbis zufügen und alles vorsichtig vermengen.

5 Die Pfanne vom Herd nehmen und die Minze, die getrockneten Tomaten und den Feta unterrühren.

6 Ein Baklava-Teigblatt auf dem Schneidebrett ausbreiten und den Teig mit etwas von der zerlassenen Butter bestreichen. Das nächste Teigblatt darauflegen und ebenfalls mit Butter bestreichen. Ein drittes Teigblatt darauflegen und in die Mitte 2 EL von der Kürbisfüllung geben.

7 Den Teig jetzt so um die Füllung herumfalten, dass eine runde Form entsteht. Die Ränder jeweils mit etwas Butter bestreichen. Die Pastilla nach dem Falten so wenden, dass die gefaltete Seite unten liegt. Restliche Teigblätter genauso füllen und falten.

8 Die Pastillas mit etwas aufgeschlagenem Eiweiß bestreichen und mit Sesam bestreuen. Auf das Backblech legen und im vorgeheizten Backofen 10 Minuten goldbraun und knusprig backen.

FÜR 4 PERSONEN

ZUTATEN

Salz und frisch gemahlener schwarzer Pfeffer

400 g Kürbiswürfel

Olivenöl zum Anbraten

2 rote Zwiebeln, geschält, in halben Ringen

2 Knoblauchzehen, geschält, fein gehackt

1 EL Fenchelgewürz

2 EL Ingwersirup

8 Minzblätter, gewaschen, trocken getupft, in Streifen

8 getrocknete Tomaten aus dem Glas, plus Öl, fein geschnitten

100 g Feta

12 Baklava-Teigblätter (je 8 x 8 cm)

100 gesalzene Butter, zerlassen

1 Eiweiß, aufgeschlagen

20 g schwarzer Sesam

AUSSERDEM

1 Backblech

Backpapier

1 Topf

1 Pfanne

1 Schneidebrett

1 Backpinsel

ZUBEREITUNGSZEIT
30 Minuten

BACKZEIT
10 Minuten

Heilbutt mit Kräuterkruste

FÜR 4 PERSONEN

ZUTATEN

1–2 EL Butter, zerlassen
2 TL getrockneter Rosmarin
50 g Feta, zerkrümelt
60 g Walnusskerne, grob gehackt
8 Zweige Koriander, gewaschen, trocken geschüttelt, Blätter abgezupft
6 Zweige Oregano, gewaschen, trocken geschüttelt, Blätter abgezupft
Schale von 3/4 Bio-Zitrone
2 EL Olivenöl
Salz und frisch gemahlener schwarzer Pfeffer
400 g grüne Bohnen, gewaschen, große halbiert
4 Heilbuttfilets (à 150 g)
350 g bunte Kirschtomaten, gewaschen
1 Bio-Zitrone, in Scheiben

AUSSERDEM

4 Bogen Backpapier
1 Backblech
1 Küchenmaschine
1 Backpinsel
Bindfaden (nach Belieben)

ZUBEREITUNGSZEIT
10–15 Minuten

BACKZEIT
10–13 Minuten

VORBEREITUNG

1 Den Backofen auf 180 °C (Umluft 160 °C) vorheizen. 4 Bogen Backpapier von 20–30 cm Größe bereitlegen.

2 Die zerlassene Butter mit dem Rosmarin vermengen.

3 Den Feta, die Walnüsse, den Koriander, den Oregano, die Zitronenschale und das Olivenöl in eine Küchenmaschine geben und mit Salz und Pfeffer würzen. Mithilfe der Pulstaste zu einer krümeligen Masse mixen.

ZUBEREITUNG

4 Die Bohnen auf 4 Backpapierbogen verteilen; sie sollten jeweils in der Mitte liegen. Jeweils 1 Heilbuttfilet daraufsetzen und mit den Kirschtomaten flankieren.

5 Die Heilbuttfilets mit der Rosmarinbutter bestreichen. Die Feta-Koriander-Masse darauf verteilen und etwas andrücken.

6 Mit etwas Salz und Pfeffer bestreuen und die Zitronenscheiben neben oder auf den Fisch legen.

7 Die Päckchen mit Bindfaden zuschnüren oder das Backpapier zur Mitte hin falten und die Ober- und Seitkanten fest verschließen.

8 Die Päckchen 10–13 Minuten im vorgeheizten Backofen garen. In den letzten 3 Minuten die Päckchen öffnen, die Grillfunktion des Backofens einstellen und den Fisch grillen, bis die Feta-Kräuter-Kruste kross ist. Dabei gut aufpassen, dass das Backpapier kein Feuer fängt!

TIPP

Die Backzeit hängt von der Dicke des Heilbutts ab. Bei einem üppigen Exemplar sind es etwa 13 Minuten.

Bei diesem Gericht macht nur die Vorbereitung Arbeit. Wenn die Päckchen erst mal im Ofen sind, erledigt er den Rest für dich. Praktisch für jede Party!

Mein Extratipp

DIE BOHNEN KANNST DU DURCH GRÜNEN SPARGEL, BROKKOLINI ODER ZUCCHINI ERSETZEN.

Blätterteigtarte

MIT PUTENSCHINKEN, FEIGEN UND GRÜNEM SPARGEL

Letztens habe ich beim Metzger Putenschinken entdeckt. Den hatte ich zuvor eigentlich noch nie verarbeitet. Schnell entstand in meinem Kopf dieses Gericht mit Feigen, Ziegenkäse, Spargel und Granatapfelsirup. Mein Urteil? In einem Wort: top!

VORBEREITUNG

1 Den Backofen auf 200 °C (Umluft 180 °C) vorheizen und ein Backblech mit Backpapier auslegen.

2 Den Blätterteig auf dem Backblech ausrollen.

ZUBEREITUNG

3 Die Tarte mit dem Spargel, den roten Zwiebeln und den Feigen belegen – am Rand je 2 cm frei lassen. Die Hälfte des Ziegenkäses darüber zerbröseln.

4 Den Rand ca. 1 cm umschlagen, mit dem verquirlten Eigelb bestreichen und mit Sesam bestreuen.

5 Die Tarte 15 Minuten im vorgeheizten Backofen backen, bis der Spargel und der Blätterteig durch sind.

6 Den Granatapfelsirup auf die Tarte träufeln, den Putenschinken darauf verteilen und mit dem Rucola und dem restlichen Ziegenkäse garnieren.

TIPP

Wenn du keinen frischen Blätterteig bekommst, kannst du auch tiefgefrorenen nehmen. Lass ihn auftauen und forme kleine Tartes daraus.

FÜR 3–4 PERSONEN

ZUTATEN

1 Rolle frischer Blätterteig (270 g, aus dem Kühlregal)

350 g grüner Spargel, ohne holzige Enden, längs halbiert

2 rote Zwiebeln, geschält, in dünnen Ringen

4 frische Feigen, in Stückchen

150 g Ziegenweichkäse

1 Eigelb, verquirlt

1 EL weißer Sesam

1–2 EL Granatapfelsirup

120 g Putenschinken

1 Handvoll Rucola

AUSSERDEM

1 Backblech

Backpapier

1 Backpinsel

ZUBEREITUNGSZEIT
10 Minuten

BACKZEIT
15 Minuten

Tomatentarte mit Ricotta

FÜR 4 PERSONEN

ZUTATEN

1 frischer Tarte- und Quicheteig (rund, 300 g, aus dem Kühlregal)
250 g Ricotta
1 EL flüssiger Honig
1 EL Olivenöl
Schale von 1 Bio-Limette, plus Saft und extra Schale (nach Belieben)
3 Zweige Thymian, gewaschen, trocken getupft, Blätter gehackt
Salz und frisch gemahlener schwarzer Pfeffer
600 g gemischte bunte Tomaten unterschiedlicher Größe, gewaschen
3 EL Gartenkresse
getrocknete Rosenblätter zum Garnieren

AUSSERDEM

1 Quicheform (Ø 28 cm)
Backpapier
Hülsenfrüchte zum Blindbacken

ZUBEREITUNGSZEIT
30 Minuten + Abkühlzeit

BACKZEIT
25–27 Minuten

VORBEREITUNG

1 Den Backofen auf 200 °C (Umluft 180 °C) vorheizen.

ZUBEREITUNG

2 Den Teig mit dem Backpapier in die Quicheform legen und einen Rand hochziehen. Mit einer Gabel mehrmals in den Teigboden stechen und den überstehenden Teig und Backpapier abschneiden. Einen Bogen Backpapier auf den Teigboden legen und mit Hülsenfrüchten belegen. Den Boden 20 Minuten im vorgeheizten Backofen blindbacken.

3 Für den Belag den Ricotta mit dem Honig, dem Olivenöl, der Limettenschale und dem Thymian vermengen. Mit Salz und Pfeffer würzen und nach Belieben etwas Limettensaft und/oder -schale zugeben.

4 Große Tomaten in Scheiben schneiden, kleine halbieren.

5 Die Hülsenfrüchte vom Teigboden nehmen und den Teig 5–7 Minuten weiterbacken. Abkühlen lassen und Backpapier entfernen.

6 Die Ricottamasse auf dem Boden glatt verstreichen, die Tomaten darauf verteilen, mit Salz und Pfeffer bestreuen und mit der Gartenkresse und den Rosenblättern garnieren.

TIPP

Im Vorwort habe ich dir versprochen, dass kein Gericht länger als 30 Minuten dauert. Hier mogele ich ein bisschen, denn wenn du die Ricottamasse auf den heißen Boden gibst, läuft sie dir davon. Aber du kannst die Abkühlzeit nutzen, um schon einmal die Küche aufzuräumen.

Bei der Tarte werden Tomaten in verschiedenen Größen und Farben verwendet, das verleiht der Tarte nicht nur eine schöne Farbe, sondern auch eine abwechslungsreiche Textur.

Mein Extratipp

ZUM BLINDBACKEN KANNST DU ALLE ARTEN VON GETROCKNETEN HÜLSENFRÜCHTEN VERWENDEN.

Mein Extratipp

SORGE DAFÜR, DASS DER BROKKOLI BEIM KOCHEN VOLLSTÄNDIG MIT WASSER BEDECKT IST.

Brokkoli mit Halloumifüllung

Brokkoli ist nicht gerade das aufregendste Gemüse, aber bei diesem Rezept läuft es zur absoluten Höchstform auf. Glaub mir!

VORBEREITUNG

1 Den Backofen auf 220 °C (Umluft 200 °C) vorheizen und ein Backblech mit Backpapier auslegen.

2 Von den Brokkolistielen unten jeweils ein Stück abschneiden, damit sie aufrecht stehen können.

ZUBEREITUNG

3 Die Brühe in den Töpfen zum Kochen bringen. In jeden Topf 2 Brokkoli geben und in ungefähr 5 Minuten bissfest kochen. Abgießen.

4 Die Zwiebeln 4 Minuten in einer Pfanne ohne Öl anbraten. Das Olivenöl, den Zucker und etwas Salz zufügen und noch 4 Minuten weitergaren. Bevor die Zwiebel anbrennt, etwas Wasser zugeben.

5 Den Brokkoli auf das Backblech geben und den »Röschenkopf« etwa dreimal jeweils 2–3 cm lang einschneiden, je nach Größe des Brokkoli.

6 Die Schnitte mit den karamellisierten Zwiebeln und dem Halloumi füllen. Alles mit dem Olivenöl beträufeln und mit Dukkah bestreuen.

7 Den Brokkoli 10 Minuten im vorgeheizten Backofen backen, bis der Halloumi geschmolzen und der Brokkoli goldbraun ist.

8 Die Pinienkerne in einer Pfanne ohne Fett goldbraun rösten (Achtung: Das geht sehr schnell!). Aus der Pfanne nehmen und mit etwas Salz bestreuen.

9 Die gefüllten Brokkoli mit den Pinienkernen und dem Basilikum bestreuen.

FÜR 4 PERSONEN

ZUTATEN

4 kleine Brokkoli, gewaschen

3–4 l Gemüsebrühe

3 große rote Zwiebeln, geschält, in halben Ringen

1 EL Olivenöl, plus Öl zum Beträufeln

2 EL Zucker

Salz

450 g Halloumi mit Basilikum, klein geschnitten

4 EL Dukkah (Gewürzmischung)

2 EL Pinienkerne

1 Handvoll Basilikumblätter

AUSSERDEM

1 Backblech

Backpapier

2 große, hohe Töpfe

1 Pfanne

ZUBEREITUNGSZEIT
20 Minuten

BACKZEIT
10 Minuten

Ofengemüse

MIT FLADENBROT-WRAPS

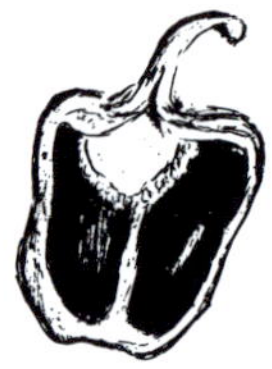

FÜR 4 PERSONEN

ZUTATEN

3 bunte Paprika, gewaschen, entkernt, grob gewürfelt
1 kleiner Kürbis, geschält, entkernt, in Pommes-Stiften
2 Pastinaken, geschält, in Pommes-Stiften
2 rote Zwiebeln, geschält, in Spalten
Olivenöl zum Beträufeln
2 TL gemahlener Kreuzkümmel
5 Zweige Rosmarin, gewaschen, trocken geschüttelt
Salz und frisch gemahlener schwarzer Pfeffer
150 g griechischer Joghurt
2 EL Tahini (Sesammus)
Schale von 1 Bio-Limette
4–6 hauchdünne Fladenbrote
2 Mini-Romanasalate, Blätter gelöst, gewaschen, trocken geschüttelt
8 große Medjool-Datteln, entsteint, klein geschnitten

AUSSERDEM

1 Backblech
Backpapier
1 Ofenrost

ZUBEREITUNGSZEIT
30 Minuten

BACKZEIT
20–25 Minuten

Wraps und Hähnchen sind eine herrliche Kombination. Diese Wraps aus hauchdünnem Fladenbrot mit Ofengemüse stehen dem in keiner Weise nach!

VORBEREITUNG

1 Den Backofen auf 200 °C (Umluft 180 °C) vorheizen. Das Backblech mit Backpapier auslegen.

ZUBEREITUNG

2 Die Paprika, den Kürbis, die Pastinaken und die Zwiebeln auf das Backblech legen. Mit Olivenöl beträufeln, mit dem Kreuzkümmel und dem Rosmarin mischen und mit Salz und Pfeffer bestreuen.

3 Das Gemüse in 20–25 Minuten im vorgeheizten Backofen gar rösten. Nach der Hälfte der Zeit wenden.

4 Für die Joghurt-Tahini-Sauce den Joghurt mit der Tahini und der Limettenschale verrühren. Mit Salz und Pfeffer abschmecken.

5 Die Fladenbrote 3–4 Minuten vor Ende der Backzeit auf einen Rost legen und diesen unter das Blech in den Ofen schieben und leicht erwärmen.

6 Die Fladenbrote mit etwas Tahinisauce bestreichen und mit dem Romana-Salat, dem Gemüse und den Datteln belegen. Das Fladenbrot von unten über die Gemüsefüllung klappen, dann die Seiten nacheinander über die Füllung falten und die Wraps aufrollen. Zusätzlich Tahinisauce daraufgeben.

TIPP

Es ist wichtig, dass du die Pastinaken und den Kürbis in exakt gleich große Stücke schneidest, damit sie gleichmäßig durchgaren.

Süßes & Gebäck

ICH BIN SO EIN SCHLECKERMÄULCHEN, DASS ICH IM LOKAL GERN AUCH MAL ZWEI DESSERTS BESTELLE. UND DAS VON MEINER FRAU ESSE ICH DANN AUCH NOCH!

Apfel-Baklava

Baklava ist einfach das Größte! Normalerweise ist man mit der Zubereitung eine ganze Weile beschäftigt, aber diese ist in 30 Minuten fertig – und trotzdem genauso knusprig, süß und cremig. Das Besondere daran: Das Gebäck wird in der Muffinform gebacken.

VORBEREITUNG

1 Den Backofen auf 175 °C (Umluft 155 °C) vorheizen.

2 Ein Blatt Baklavateig mit Butter bestreichen, ein zweites Blatt darauflegen und ebenfalls mit Butter bestreichen. So lange wiederholen, bis alle Blätter bestrichen sind. Das obere Blatt nicht mit Butter bestreichen.

ZUBEREITUNG

3 Den Baklava-Stapel in 16 gleich große Quadrate schneiden und diese in die gefetteten Muffinförmchen legen.

4 Die Apfelstückchen mit den Walnüssen, dem Zucker und dem Zimt mischen. Etwas von der Apfel-Nuss-Masse jeweils auf den Teig geben und die Füllung mit etwa der Hälfte des Honigs beträufeln.

5 Die Apfel-Baklava ca. 10 Minuten goldbraun backen.

6 Den restlichen Honig über die noch heißen Törtchen träufeln.

TIPPS

- Du kannst auch andere Nüsse verwenden. Wie wäre es mit gehackten Pekannüssen, Mandeln und Paranüssen?
- Du willst Eis dazu? Na dann los! Dazu schmeckt z. B. das Schoko-Tahini-Softeis von S. 163.

FÜR 16 STÜCK

ZUTATEN

1 Pck. Baklavateig (à 470 g, aus dem Kühlregal)

50 g Butter, zerlassen

2 Äpfel, z. B. Jonagold, gewaschen, geschält, entkernt, gewürfelt

150 g gehackte Walnusskerne

25 g Zucker

1 TL Zimtpulver

125 g flüssiger Honig

AUSSERDEM

2 Muffinformen

1 Backpinsel

Zubereitungszeit
30 Minuten

Backzeit
10 Minuten

Aprikosen-Dattel-Tarte »No Bake«

FÜR 2 PERSONEN

ZUTATEN

80 g Medjool-Datteln, entsteint
160 g ganze geschälte Mandeln
1 Prise Salz
125 g Mascarpone
Schale von ½ Bio-Orange
30 g Aprikosenkonfitüre
420 g Aprikosenhälften aus der Dose, abgetropft
2 EL Pistazien, gehackt
getrocknete Rosenblätter zum Garnieren

AUSSERDEM

1 Blitzhacker/Multizerkleinerer
1 Tarteform (Ø 15 cm)

ZUBEREITUNGSZEIT
15 Minuten

ZUBEREITUNG

1 Die Datteln, die Mandeln, 30 ml Wasser und Salz im Blitzhacker zu einer homogenen Masse verarbeiten.

2 Die Masse in eine gefettete Tarteform geben und dabei einen Rand formen.

3 Den Mascarpone mit dem größten Teil der Orangenschale und der Aprikosenkonfitüre verrühren. Die Masse auf dem Boden verstreichen und die Aprikosen darauf verteilen.

4 Die Tarte mit den Pistazien, der restlichen Zitronenschale und den Rosenblättern bestreuen.

Birnentarte

MIT KARDAMOMJOGHURT

FÜR 4 PERSONEN

ZUTATEN

2 EL flüssiger Honig
2 Birnen, geschält, entkernt, in Spalten
3 EL Rosenwasser
250 g griechischer Joghurt
1 EL gemahlener Kardamom
100 g weiße Schokolade
1 Biskuit-Tortenboden
Fruchtfleisch von 4 Passionsfrüchten

AUSSERDEM

1 Pfanne
1 Stielkasserole
1 hitzebeständige Schüssel

ZUBEREITUNGSZEIT
30 Minuten

ZUBEREITUNG

1 Den Honig in einer Pfanne erwärmen. Die Birnenspalten zufügen und auf niedriger Stufe unter Rühren karamellisieren lassen. Mit 2 EL Rosenwasser ablöschen und vom Herd nehmen.

2 Den Joghurt mit dem Kardamom und restlichem Rosenwasser verrühren.

3 Die weiße Schokolade im Wasserbad schmelzen (s. S. 155)

4 Den Tortenboden zuerst mit der weißen Schokolade, dann mit dem Kardamomjoghurt bestreichen. Mit der runden Seite eines Löffels spiralförmig durch den Joghurt ziehen und die Passionsfrucht und die karamellisierten Birnen darauf verteilen.

Gefüllte Schokodatteln

Bei einer marokkanischen Hochzeit oder anderen großen Feierlichkeiten serviert man nach alter Tradition ein Glas Milch und eine Dattel. Die Luxusversion ist eine mit einer Walnuss oder anderen Nüssen gefüllte Dattel. Hier kommt meine Luxusausgabe mit Schokoglasur und köstlichen Toppings!

VORBEREITUNG

1 Wasser im Topf zum Kochen bringen, in den eine kleinere hitzebeständige Schüssel passt – darin kannst du die Schokolade im Wasserbad schmelzen.

2 Die Datteln mit einem scharfen Messer einschneiden und vorsichtig entsteinen. Achtung: Die Dattel dabei nicht durchschneiden, die Hälften sollten zusammen bleiben.

3 Das Backblech mit Backpapier auslegen.

ZUBEREITUNG

4 Die Schokolade in der hitzebeständigen Schüssel über dem Wasserbad schmelzen. Dabei hin und wieder umrühren. In der Zwischenzeit die Datteln mit den Pekannüssen füllen und die beiden Dattelhälften fest zusammendrücken.

5 Die Datteln in die geschmolzene Schokolade tauchen und auf das Backblech legen. Die Toppings nach Wunsch darüberstreuen und die gefüllten Datteln 10–15 Minuten in den Kühlschrank legen, damit die Schokolade fest wird.

TIPP

Du kannst die Datteln mit allem füllen, was dir schmeckt: Marzipan, Eis, getrocknete Früchte …

FÜR 16 STÜCK

ZUTATEN

16 Medjool-Datteln
100 g Zartbitterschokolade, grob gehackt
16 Pekannüsse

TOPPINGS
Kakaonibs
Karamellpaste
gefriergetrocknete Himbeeren
gerösteter Sesam
fein gehackte Kekse
getrocknete Rosenblätter
Mandelblättchen
kandierte Orangenschale
Erdbeeren
Mini-Kiwis
Granatapfelkerne

AUSSERDEM

1 Topf
1 hitzebeständige Schüssel
1 Backblech
Backpapier

ZUBEREITUNGSZEIT
30 Minuten

S'mores

MIT PFLAUMENMUS

In London habe ich zum ersten Mal in meinem Leben S'mores gegessen. Und sie waren eine echte Offenbarung, diese doppelten Keks-Schokoladen-Marshmallows! Höchste Zeit, meine eigene Version zu kreieren – knusprig, cremig, frisch, säuerlich, mit der Süße der chewy Marshmallows.

FÜR 4 PERSONEN

ZUTATEN

3 große Eier
3 EL Dattelsirup
150 g Mandelmehl
1 TL Backpulver
40 g Kokosraspel
16 TK-Himbeeren
8 EL Pflaumenmus
8 große (vegane) Marshmallows
50 g Schokolade, geschmolzen

AUSSERDEM

1 Backblech
Backpapier
1 Mixer
1 Topf
1 Flambierbrenner

ZUBEREITUNGSZEIT
30 Minuten

BACKZEIT
15 Minuten

VORBEREITUNG

1 Den Backofen auf 180 °C (Umluft 160 °C) vorheizen und das Backblech mit Backpapier auslegen.

ZUBEREITUNG

2 Die Eier in die Schüssel des Mixers geben und verquirlen. Den Dattelsirup zufügen und weiterrühren. Unter Rühren das Mandelmehl zugeben, anschließend das Backpulver und die Kokosraspel.

3 Aus dem Teig 8 runde Küchlein formen und auf dem mit Backpapier bedeckten Backblech 15 Minuten im vorgeheizten Backofen backen.

4 Die Himbeeren mit etwas Wasser in einen Topf geben und 3–4 Minuten erhitzen.

5 Die Kekse leicht abkühlen lassen und mit einer Schicht Pflaumenmus bestreichen. Je 1 Marshmallow daraufsetzen und mit dem Flambierbrenner bräunen, bis er weich wird und eine goldbraune Farbe annimmt. Einige Himbeeren darauflegen und alles mit der geschmolzenen Schokolade garnieren.

TIPP

Du hast keinen Flambierbrenner? Dann kannst du den Marshmallows auch im Ofen bei Grillstufe Farbe verleihen.

Knusper-Tartelettes

MIT KONDITORCREME, FEIGEN UND GRANATAPFEL

Wenn du dich an die Angaben hältst, ist es eigentlich ganz einfach, Konditorcreme zuzubereiten. Ich habe das traditionelle Rezept mit einem Schuss Orangenblütenwasser aufgepeppt.

VORBEREITUNG

1 Den Backofen auf 180 °C (Umluft 160 °C) vorheizen. Das Backblech mit Backpapier auslegen.

ZUBEREITUNG

2 Die Blätterteigscheiben vierteln oder vier Kreise ausstechen. Die quadratischen Teile jeweils etwa ½ cm vom Rand entfernt in der Mitte mit einem runden Ausstecher einkerben (s. Foto), den Teig dabei nicht durchschneiden. Mehrmals mit 1 Gabel in den mittleren Kreis einstechen und den Rand zur Mitte einschlagen. Die Ränder mit Ei bestreichen. In die runden Teilchen ebenso einen mittleren Kreis drücken und diesen mit der Gabel einstechen.

3 Das Blätterteiggebäck 15–20 Minuten im Ofen backen.

4 Für die Konditorcreme die Milch, das Orangenblütenwasser und den Zucker in einer Stielkasserole erhitzen und rühren, bis der Zucker aufgelöst ist.

5 Das Eigelb, das Mehl und 2 EL Milch in die Schüssel der Küchenmaschine geben und zu einer gleichmäßigen Masse verrühren. Die heiße Orangenblütenwasser-Milch unter Rühren nach und nach zugeben. Es ist wichtig, dass weitergerührt wird, da das Eigelb sonst stocken kann. Die Masse in die Stielkasserole geben und 5–8 Minuten auf niedriger Stufe köcheln, bis sie eingedickt ist.

6 Vom Herd nehmen und unter Rühren abkühlen lassen, damit sich keine Haut bildet.

7 Den Puderzucker mit dem Zimt mischen. Die Mandelblättchen 1–2 Minuten in einer Pfanne ohne Fett anrösten, bis sie Farbe bekommen (Achtung: Das geht schnell!).

8 Die Tartelettes aus dem Ofen nehmen und abkühlen lassen. Mit der Konditorcreme bestreichen und mit Feigen, Granatapfelkernen und Mandelblättchen garnieren. Mit Zimt-Puderzucker bestreuen.

FÜR 16 STÜCK

ZUTATEN

4 Scheiben TK-Blätterteig, aufgetaut
1 Ei
3 EL Puderzucker
1 TL Zimtpulver
2 EL Mandelblätter
4 frische Feigen, in Scheiben
60 g Granatapfelkerne

KONDITORCREME
220 ml Vollmilch, plus 2 EL
20 ml Orangenblütenwasser
50 g Zucker
3 Eigelb
25 g Mehl

AUSSERDEM

1 Backblech
Backpapier
1 runder Plätzchenausstecher oder 1 Glas
1 Gabel
1 Backpinsel
1 Stielkasserole
1 Küchenmaschine
1 Pfanne
1 kleines Sieb

ZUBEREITUNGSZEIT
30 Minuten

BACKZEIT
15–20 Minuten

Mandel-Mohnbiskuit

MIT HIMBEERCREME

FÜR 1 BLECH

ZUTATEN

160 ml Pflanzenöl plus Öl zum Fetten
4 Eier
150 g Zucker
Salz
170 ml Vollmilch
250 g Mandelmehl
1 EL Mohn
2 TL Backpulver
4 Handvoll gemischte Beeren (z. B. Blau-, Brom-, Him- und Erdbeeren)
2 EL gefriergetrocknete Himbeeren und Erdbeeren zum Garnieren

TOPPING
250 g weiche Butter
250 g Puderzucker
60 g Himbeerkonfitüre, ohne Fruchtstücke und Kerne

AUSSERDEM

1 Backblech mit hohem Rand (30 cm)
1 Schüssel
1 Backpinsel
1 Handrührgerät
1 Spritztüte mit Sterntülle

ZUBEREITUNGSZEIT
30 Minuten + Abkühlzeit

BACKZEIT
25 Minuten

VORBEREITUNG

1 Den Backofen auf 180 °C (Umluft 160 °C) vorheizen. Das Backblech mit Pflanzenöl einstreichen.

ZUBEREITUNG

2 Die Eier, den Zucker und 1 Prise Salz in eine Schüssel geben und mit dem Handrührgerät zu einer leichten, lockeren Masse aufschlagen.

3 Die Milch, das Mandelmehl, den Mohn, das Backpulver und das Pflanzenöl zugeben und alles zu einem glatten Teig verrühren.

4 Den Teig auf dem Backblech verstreichen und den Mandelkuchen 25 Minuten backen. Bei einer etwas höheren Form kann es auch etwas länger dauern.

5 Für das Topping die Butter etwa 5 Minuten aufschlagen. Nach und nach den Puderzucker unterrühren, zum Schluss die Himbeerkonfitüre. Das Topping in den Kühlschrank stellen und die Creme vor Gebrauch noch einmal durchrühren.

6 Kuchen abkühlen lassen. Das Topping in eine Spritztüte füllen und Rosetten auf den Mandelkuchen spritzen. Mit den Beeren und den gefriergetrockneten Himbeeren und Erdbeeren garnieren.

TIPPS

- Wenn du den Mandelkuchen direkt aus dem Backofen servierst, dann reiche die Himbeercreme und die Früchte extra dazu. Wenn du die Creme auf den heißen Kuchen streichst, wird sie flüssig und »läuft« weg.
- Dieser Kuchen ergibt ca. 12 Stücke.

Das beste Rezept für unerwartete Besuch! Die Zubereitung dauert nur eine halbe Stunde, und das Ergebnis ist ein absoluter Hingucker! Die meisten Zutaten hast du sicher ohnehin im Haus.

Mein Extratipp

STATT EISHÖRNCHEN KANNST DU AUCH WAFFELN VERWENDEN!

Schokoladen-Tahini-Softeis

Eine Eismaschine ist eine tolle Sache für jeden Koch und jede Küchenfee, aber wenn du dieses Rezept ausprobiert hast, kannst du die Maschine in den Keller stellen. Das Einzige, was du für dieses fantastische Schokoladen-Tahini-Softeis brauchst, sind ein Tiefkühlfach und eine Küchenmaschine.

FÜR 4 PERSONEN

ZUTATEN

6 reife Bananen, gefroren

4 EL Tahini (Sesammus)

50 g Kakaopulver

2 EL griechischer oder türkischer Joghurt

4 Eishörnchen

2 EL gehackte Nüsse zum Garnieren (nach Belieben)

4 EL Karamellsauce

AUSSERDEM

1 Küchenmaschine

1 Spritzbeutel mit Sterntülle

1 hitzebeständige Schüssel

ZUBEREITUNG

1 Die Bananen, die Tahini, den Kakao und den Joghurt in eine Küchenmaschine geben und zu einer glatten Menge verrühren.

2 Das Eis in den Spritzbeutel mit Sterntülle geben und 10 Minuten ins Tiefkühlfach legen, damit es fester wird und besser gespritzt werden kann.

3 Das Eis in die Hörnchen spritzen, die gehackten Nüsse daraufstreuen und mit der Karamellsauce beträufeln.

TIPP

Frier die Bananen ohne Schale ein, denn gefrorene Schale bekommst du nicht mehr ab – es ist fast unmöglich!

ZUBEREITUNGSZEIT
15–20 Minuten

Pistazienkekse

MIT KONFITÜRE

FÜR 16 STÜCK

ZUTATEN

300 g geschälte ganze Pistazien
125 g Mehl
1 Prise Salz
120 g weiche Butter
3 Eier
2 TL Vanille-Extrakt
50 g Zucker
100 g Himbeerkonfitüre
100 g Aprikosenkonfitüre

AUSSERDEM

1 Backblech
Backpapier
1 Blitzhacker/Multizerkleinerer
1 Handrührgerät

ZUBEREITUNGSZEIT
30 Minuten

BACKZEIT
15–20 Minuten

Meine Mutter ist eine Plätzchenexpertin. Ich habe Hunderte von Plätzchen kommen und gehen sehen. Also wurde es Zeit für eine eigene Variante ihrer Backwerke!

VORBEREITUNG

1 Den Backofen auf 160 °C (Umluft 140 °C) vorheizen. Das Backblech mit Backpapier auslegen.

2 180 g Pistazien in den Blitzhacker geben und grob hacken.

3 Die restlichen Pistazien mit dem Salz und dem Mehl ganz fein mahlen.

ZUBEREITUNG

4 Die Butter und 1 Ei mit dem Handrührgerät luftig aufschlagen. Das Vanille-Extrakt und den Zucker zugeben und gründlich unterrühren. Nach und nach das Pistazienmehl zufügen und alles zu einem gleichmäßigen Teig vermischen.

5 Die restlichen Eier trennen und das Eiweiß in einer sauberen Schüssel schaumig schlagen.

6 Aus dem Teig 16 Kugeln formen und auf das Backblech legen. Jede Teigkugel zuerst in das Eiweiß tauchen, dann in die gehackten Pistazien. Kekse mit ausreichend Abstand zurück auf das Backblech setzen. (Die Plätzchen laufen beim Backen leicht auseinander.)

7 Mit dem Daumen (oder der Rückseite eines Löffels) in die Plätzchenmitte je eine Mulde drücken und die Plätzchen 15–20 Minuten im vorgeheizten Backofen goldbraun backen.

8 Die Plätzchen aus dem Ofen nehmen, die Mulden mit der Himbeer- und Aprikosenkonfitüre füllen und abkühlen lassen.

Mein Extratipp

AM BESTEN VERWENDEST DU ZWEI BLECHE, DAMIT BEIM BACKEN GENUG PLATZ ZWISCHEN DEN PLÄTZCHEN IST.

Schoko-Anis-Brötchen

Natürlich ist es schön, Schokobrötchen selbst zu backen. Aber wenn du in einer halben Stunde fertig sein willst, ist Aufbacken eine gute Alternative. Anis sorgt hier in Kombination mit Minze, Schokolade und Pistazien für eine unfassbare Süße. Und der Rosenwasser-Zuckerguss setzt allem die Krone auf!

FÜR 6 STÜCK

ZUTATEN

6 Schokobrötchen aus dem Kühlregal (z.B. von Knack & Back)

2 EL Anis, plus etwas Anis zum Garnieren

2 EL gehackte Pistazien, plus Pistazien zum Garnieren

1 EL getrocknete Minze

1 Ei, verquirlt

100 g Puderzucker

2 EL Rosenwasser

AUSSERDEM

1 Backblech

Backpapier

1 Backpinsel

VORBEREITUNG

1 Den Backofen auf 180 °C (Umluft 160 °C) vorheizen. Das Backblech mit Backpapier auslegen.

ZUBEREITUNG

2 Den Teig aus der Dose nehmen, ausrollen und in 6 gleich große Stücke teilen. Jeweils 2 der beigelegten Schokostückchen auf jedes Teigstück legen und die Stücke mit Anis, Pistazien und Minze bestreuen.

3 Die Teigstücke aufrollen und mit dem verquirlten Ei bestreichen. Mit dem zusätzlichen Anis und den übrigen Pistazien bestreuen. Die Brötchen 15 Minuten im vorgeheizten Backofen goldbraun backen.

4 Den Puderzucker und das Rosenwasser zu einem glatten Guss verrühren.

5 Die Brötchen aus dem Ofen nehmen, etwas abkühlen lassen und den Rosenwasser-Zuckerguss in Streifen darauf verteilen.

TIPP

Verfeinere das Rezept mit deinen Lieblingsgewürzen!

ZUBEREITUNGSZEIT
30 Minuten

BACKZEIT
15 Minuten

Würzige Zitronenkekse

Die arabische Küche ist bekannt für ihre fantastischen Geschmackskombinationen: herzhaft und süß, frisch und säuerlich. In diesem Rezept kommt alles zusammen: herzhafter Teig, saure Zitrone, süßer Sirup und frische Orange. Da kann einfach nichts mehr schiefgehen!

FÜR 25–30 STÜCK

ZUTATEN

3 Bio-Zitronen
325 g Zucker
120 g Butter
1 Ei
450 g Mandelmehl
2 TL Ingwerpulver
1 TL gemahlene Nelke oder gemahlener Anis
Saft und Schale von 1 Bio-Orange
Puderzucker zum Garnieren (nach Belieben)

AUSSERDEM

1 Backblech
Backpapier
1 Gemüsehobel
1 Pfanne
1 Handrührgerät
Frischhaltefolie
Küchenpapier

ZUBEREITUNGSZEIT
30 Minuten

BACKZEIT
13–15 Minuten

VORBEREITUNG

1 Den Backofen auf 180 °C (Umluft 160 °C) vorheizen. Das Backblech mit Backpapier auslegen.

2 Die Zitronen gründlich mit heißem Wasser waschen und abtrocknen. Mit dem Gemüsehobel in dünne Scheiben schneiden.

ZUBEREITUNG

3 200 ml Wasser mit 200 g Zucker in die Pfanne geben und die Zitronenscheiben samt ausgetretenem Saft zufügen. Zum Kochen bringen und 2–3 Minuten köcheln lassen.

4 Die Butter und das Ei mit dem Handrührgerät luftig aufschlagen.

5 Das Mandelmehl, den restlichen Zucker, das Ingwerpulver, die Nelken oder den Anis mit Orangenschale und -saft zu einem homogenen Teig verrühren. Den Teig in Frischhaltefolie wickeln und 5 Minuten ins Tiefkühlfach legen.

6 Aus dem Teig 25–30 Bällchen formen, auf das Backblech legen und flach drücken. (Alternativ kannst du den Teig zu einer Rolle formen und Scheiben abschneiden.)

7 Die Zitronenscheiben mit Küchenpapier trocken tupfen und in jeden Keks eine Scheibe drücken.

8 Die Kekse 13–15 Minuten im vorgeheizten Backofen backen. Abkühlen lassen und nach Wunsch mit Puderzucker bestreuen.

Mein Extratipp

WENN DU DIE ZITRONEN GERN ETWAS WEICHER HÄTTEST, DANN LASS SIE LÄNGER KANDIEREN.

Mandel-Eiswaffel

Schließe die Augen und denke zurück an deine Kindheit. Hörst du noch die Glocke des Eiswagens klingeln? Mit diesem herrlichen Rezept für eine Eiskugel zwischen zwei Waffeln gehst du garantiert auf Zeitreise.

VORBEREITUNG

1 Den Backofen auf 180 °C (Umluft 160 °C) vorheizen. die beiden Backbleche mit Backpapier auslegen.

ZUBEREITUNG

2 Die Butter und den Ahornsirup in der Pfanne mit dickem Boden auf mittlerer Stufe zerlassen. Wenn die Mischung zu köcheln beginnt, die Kokoscreme zufügen und diese ebenfalls zerlassen. Alles 1–2 Minuten sanft köcheln lassen.

3 Die Mandeln, die Rosinen, das Backpulver und das Salz unterrühren – die Mandeln und die Rosinen sollten vollständig bedeckt sein. Den Mandelteig löffelweise mit ausreichend Zwischenraum auf die Backbleche geben. Ich verwende eine Ausstechform, um schöne Kreise zu bekommen, aber es geht natürlich auch ohne.

4 Das Gebäck 7–9 Minuten im Ofen backen. Anschließend abkühlen lassen, damit es schön knusprig wird.

5 In der Zwischenzeit die Schokolade im Wasserbad schmelzen (s. S. 155).

6 Das Gebäck wie eine gefüllte Waffel servieren: Gebäck-Eis-Gebäck. Die Schokolade in Zickzack-Form darüberträufeln und mit den Mandelblättchen bestreuen.

TIPP

Die Kokoscreme nicht schütteln, du brauchst eine dicke obere Schicht. Den Rest kannst du für Suppen oder Eintöpfe verwenden.

FÜR 4 PERSONEN

ZUTATEN

2 EL Butter
100 ml Ahornsirup
35 g Kokosnusscreme aus der Dose, nur die obere weiße Sahneschicht (siehe Tipp)
150 g Mandelblättchen plus 2 EL
50 g helle Rosinen oder Sultaninen
¼ TL Backpulver
1 Prise Salz
50 g Zartbitterschokolade
10 Kugeln Eis nach Wahl

AUSSERDEM

2 Backbleche
Backpapier
1 Pfanne mit dickem Boden
Runde Ausstechförmchen (optional)
1 hitzebeständige Schüssel
1 Eisportionierer

ZUBEREITUNGSZEIT
30 Minuten

BACKZEIT
7–9 Minuten

Register

A

B

C

D

E

F

G

H

J

K

L

M